믿음으로
정면승부

믿음으로 정면승부

© 생명의말씀사 2024

2024년 9월 24일 1판 1쇄 발행

펴낸이 | 김창영
펴낸곳 | 생명의말씀사

등록 | 1962. 1. 10. No.300-1962-1
주소 | 서울시 종로구 경희궁1길 6 (03176)
전화 | 02)738-6555(본사) · 02)3159-7979(영업)
팩스 | 02)739-3824(본사) · 080-022-8585(영업)

지은이 | 이정현

기획편집 | 서정희, 이주나
디자인 | 김혜진
인쇄 | 영진문원
제본 | 다온바인텍

ISBN 978-89-04-16893-4 (03230)

저작권자의 허락 없이 이 책의 일부 또는 전체를
무단 복제, 전재, 발췌하면 저작권법에 의해 처벌을 받습니다.

믿음으로 정면승부

이정현 지음

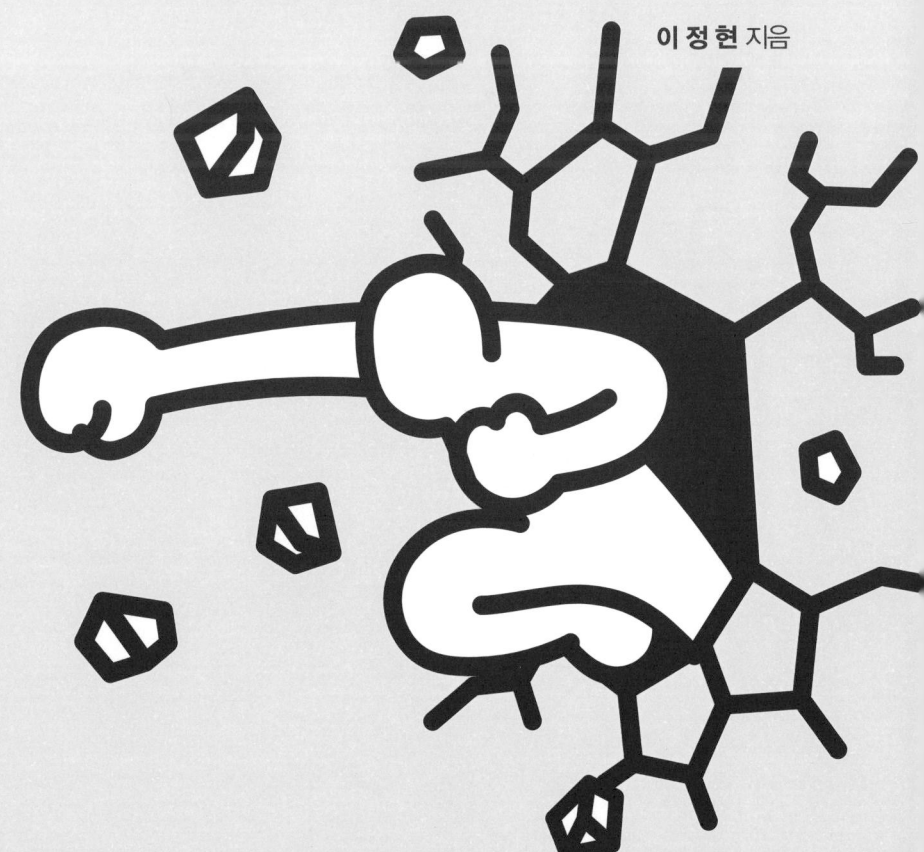

추천의 글

『믿음으로 정면승부』라는 책 제목을 보자마자 가장 이정현 목사다운 제목이라고 생각했다. 이정현 목사의 행보는 언제나 무모하리만큼 놀라움으로 다가오고 한국 교회와 목회자, 교사 그리고 그리스도인에게 엄청난 도전을 던져 준다. 다른 전술을 뒤로하고, 인생을 걸고 당당하게 세상을 향해 도전장을 내미는 것이 바로 '믿음'임을 이번 이정현 목사의 책에서 절실히 배우게 된다.

이 시대를 살아가는 우리에게는 다른 방법이나 얄팍한 기술이 아닌 우직한 믿음의 정면승부가 요구된다. 목회자뿐 아니라 그리스도를 주님이시라고 고백하는 성도들에게 당당히 일독을 권한다.

강은도 / 더푸른교회 담임목사, 『복음, 언박싱』 저자

한국 교회 곳곳에는 복음에 대한 분명한 믿음을 가지고 다음 세대를 향해 몸부림치는 분들이 있다. 나는 거기서 한국 교회의 새로운 대안과 희망을 본다. 그렇게 한국 교회 미래와 다음 세대를 위해 믿음을 가지고 고군분투하는 한 사람이 바로 이정현 목사다. 나는 그와 유학 시절부터 아주 가까이 교제해 왔다. 그는 전혀 목사 같지 않지만 동시에 너무나 목사 같은 사람이다. 그는 교회와 성도를 누구보다 사랑하는 천생 목사다. 하지만 그 사랑의 문법이 기존의 것과 달랐다. 그래서 목사답지 않았다. 교회를 부흥시키고 성도를 살리는 일이라면 누구의 눈치도 보지 않았다. 교회의 문법조차 과감히 생략했다. 끊임없이 시도하고 도전하며 마치 골리앗 앞에 선 다윗처럼 믿음 하나 가지고 돌파해 갔다. 그의 이런 믿음의 도전기가 책으로 나왔기에 읽는 내내 가슴이 뛰었고, 역시 이정현답다는 생각이 들었다.

한국 교회와 다음 세대를 향한 대안과 답을 찾고 있는 분이라면 이 책을 꼭 읽어 보라 권하고 싶다. 그 실마리를 분명 얻을 수 있을 것이다.

임병선 / 용인제일교회 담임목사, 『실행자』 저자

오늘날 수많은 교회가 다음 세대의 중요성을 외친다. 교회마다 다음 세대를 위해 무엇을 해야 할지, 어떻게 해야 할지 고민하는 신음이 가득하다. 그러나 안타깝게도 고민의 결론이 '어떤 프로그램을 도입해야 할지', '아이들을 교회로 데려오기 위해 무엇을 주어야 할지'와 같은 방법론에 머물 때가 많다. 세상에 있는 아이들을 데려오기 위해 세상의 방식을 택할 때도 있다. 그런 의미에서 이 책은 교회가 가진 가장 강력한 무기가 무엇인지 다시금 깨닫게 해준다. 세상이 변하고 시대가 바뀌어도 결코 변하지 않는 믿음의 본질을 알려 준다.
복음을 온전히 전하는 것! 믿음을 바로 세우는 것! 이것이야말로 다음 세대를 회복하는 유일한 방법이다. 이제 교회가 가진 믿음의 무기를 점검하자. 다음 세대를 살리는 방법이 아닌 믿음의 본질에 집중하자. 그리하여 모든 교회가 믿음의 정면승부를 통해 선한 싸움에서 승리하길 소망한다.

주경훈 / 오륜교회 담임목사, 「다시 쓰는 원 포인트 통합교육」 저자

다음 세대 사역자들에게 현장은 제일 중요한 '진짜 사역'을 구별할 수 있는 장이다. 저자는 지금까지 그 현장에서 고민하고 기도함으로 눈물이 담긴 사역을 해오고 있다. 다음 세대를 놓치면 다 놓치는 것을 알면서도 막아내지 못하고 있는 우리 시대에 경종을 울릴 이정현 목사의 이야기들이 책으로 나왔다. 저자의 글들은 이론이나 가르침이 아니라 현장에서 뼈저리게 느끼며 몸으로 깨달은 외침이다.

『믿음으로 정면승부』는 그가 믿음 하나만으로 심은 씨앗이 어떻게 뿌리를 내리고 열매를 맺고 생명을 자라게 했는지 그 이야기들을 가감 없이 담아냈다. 한 사역자의 이 피 끓는 외침이 한국 교회와 다음 세대를 살리는 도구가 되길 기도한다. 목회자는 물론 교회의 중직자와 리더, 교사, 부모 모두 함께 읽으면 참 좋겠다.

홍민기 / 라이트하우스무브먼트 대표, 브리지임팩트사역원 이사장,
『플랜팅 시드』 저자

들어가는 글

믿음이 힘이다, 믿음이 답이다!

교인들과 함께 튀르키예와 그리스의 사도 바울 유적지를 다녀왔다. 지난 1년 6개월 동안의 사도행전 강해 설교 이후, 직접 현장을 보고 싶다는 성도들의 요청으로 이뤄진 투어였다. 튀르키예를 먼저 돌아본 후 그리스로 넘어가는 일정을 계획했다.

2천 년 전의 유적이 지금까지도 잘 보전된 현장에 놀라움과 감탄이 절로 나왔다. 그런데 튀르키예와 그리스 사이, 확연히 다른 점을 발견할 수 있었다. 현재 튀르키예는 인구의 99퍼센트가 이슬람교도이고, 그리스는 인구의 98퍼센트가 기독교인 나라다. 두 나라 모두 2천 년 전 바울이 목숨을 걸고 복음을 전하며 교회를 세운 곳 아니던가? 그런데 왜 2천 년 후에 이토록 다른 결과를 가져왔을까?

물론 튀르키예의 이슬람화 과정은 생각보다 오랜 역사에서 시작했기에, 그리스와 동일한 선상에서 비교는 어렵다. 하지만 그리스 역시 이슬람 국가인 오스만 제국으로부터 368년간 지배를 받았다. 한 나라가 30년도 아니고, 300년 넘게 특정 종교를 따르는 통치를 받으면 많은 것이 바뀌기 마련이다. 그 대표적인 예가 남미 일대의 국가다. 남미는 스페인에 의해 300여 년간 통치를 받으면서, 인종과 문화와 종교가 완전히 바뀌어 모두 가톨릭 국가가 되었다. 반면 그리스는 남미보다 더 긴 세월을 이슬람 국가에 의해 통치를 받았는데, 국교가 기독교의 한 분파인 동방 정교회의 나라가 되었다.

이에 대한 궁금증을 안고 그리스 중부 메테오라 수도원 일정에 동참했다. 기암절벽의 높은 바위 꼭대기에 자리한 여러 수도원을 볼 수 있었다. 수행자들은 11세기부터 이곳에서 살기 시작했다고 했다. 어떤 수도원은 몇백 미터 바위 꼭대기에 자리하고 있었다. 왜 수도자들은 이런 데서 생활했을까? 크게 세 가지 이유에서다.

첫째로 하나님과 더 가까워지기 위해서였다. 그 당시 사람들의 세계관 속에 하나님은 하늘에 거하신다고 믿었기 때문이다.

둘째로는 시끄러운 세상을 떠나기 위함이었고, 셋째로 박해를 피하기 위함이었다. 실제로 오스만 제국 지배 기간에 오히려 수도원은 계속 번창했다. 이슬람 세력으로부터 신앙을 지키기 위해 이곳에 사람들이 계속 모여든 것이다. 신학을 전공한 아테네 대학 유학파인 가이드가 마침 적절한 설명을 해주었다.

"그리스가 이슬람화 되지 않은 큰 역할은 저 수도원이 한 것입니다. 오스만 제국 시대에 저들은 목숨을 걸고 끝까지 믿음을 지켰기 때문입니다."

물론 오스만 제국은 당시 그리스에 무조건적 이슬람 동화 정책을 펴지는 않았다. 하지만 같은 시대에 오스만 제국이 통치한 북아프리카, 중앙아시아, 동유럽의 여러 나라들은 대부분 완전히 이슬람화가 되었다.

그런데 왜 유독 그리스만 지금까지 기독교를 유지하는 나라가 되었는가? 이것은 매우 놀라운 일이다. 이슬람의 강력한 공격과

핍박을 믿음으로 이겨냈기에 지금의 그리스 땅에 기독교가 있는 것이다. 이것이 바로 믿음의 힘이다.

사도 바울이 2차 전도 여행 때 세운 고린도교회에도 방문했다. 물론 지금의 건물은 후대에 새롭게 건축된 교회로, 2천 년 전 바울이 세운 그 건물은 아니다. 교회 입구 오른편에는 역대 담임 목사 명단이 적혀 있었다. 1대 담임 목사 사도 바울, 2대 목사 아볼로, 3대 목사 실라, 4대 목사 소스데네 … 그리고 89대 담임 목사 에오니시오스까지.

지난 2천 년 동안 고린도교회는 한 번도 교회의 공백기가 없었던 것이다. 고린도전서 3장 6절 말씀에 "나는 심었고 아볼로는 물을 주었으되"라고 나와 있듯이 바울이 개척하였고, 아볼로가 그 바통을 이어받은 고린도교회는 로마에 의해 큰 박해를 받을 때도 굳건히 유지된 것이다. 이후 오스만 제국이 368년간 통치할 때도 교회는 계속해서 유지되었다는 점이 너무나도 놀라웠다.

현재 89대 담임 목사는 2006년부터 지금까지 목회를 해오고 있다. 고린도전서 1장 2절에 최초로 언급된 "고린도에 있는 하나님의 교회"가 2천 년 전이나 지금이나 동일하다니 놀라움을 금할 길이 없었다.

이렇듯 역사와 전통을 가지고 지속되는 교회가 있는 반면, 없어지는 교회도 있다. 때로는 교회가 매각되거나 다른 용도로 변경되는 안타까운 모습도 본다. 그 차이는 어디에 있을까? 그것은 오직 믿음의 문제다. 교회에 온전한 믿음이 있으면, 그 교회는 계속해서 건강하게 서 나가는 것이다.

한국의 많은 교회가 어려움 속에 있다. 내부를 들여다보면, 결국 믿음의 문제다. 늘상 거론되는 다음 세대의 문제 역시 믿음의 문제다. 믿음만 있으면 지금도 교회는 부흥할 수 있고, 믿음만 있으면 지금도 다음 세대가 살아날 수 있고, 믿음만 있으면 앞으로도 교회의 시대는 계속될 것이다. 대신에 믿음이 없으면, 우리의 미래 모습은 튀르키예 땅이 될 수 있다. 그래서 믿음이 가장 중요한 것이다.

지금 누군가 나에게 한국 교회의 가장 큰 위기가 무엇이냐고 물어본다면, '믿음이 없는 다음 세대'라고 말할 것이다. 우리나라는 지금 나타나는 여러 가지 부정적인 수치보다, 앞으로 모든 영역에서 더 악화될 것으로 전망한다. 이와 같은 모습은 여러 다층적 현상을 통해서 나타나고 있다.

이 책은 이러한 시대의 현상을 살피며 지금 한국 교회에 가장 중요한 '믿음'을 집중적으로 다룰 것이다. 다음 세대를 세우고, 크리스천 가정을 세우고, 교회를 세우는 유일한 방법이 믿음이기에 믿음의 방법론을 보일 것이다.

이 정 현

CONTENTS

추천의 글 4
들어가는 글 8

PART 1 진단

CHAPTER 01 진짜 문제는 '믿음 없음'이다!

교회에서 더 이상 아이들이 보이지 않는다 22
교회를 떠나는 시기가 빨라지고 있다 25
진짜 문제는 믿음 없는 부모다 – 3040세대 심층 분석 28

CHAPTER 02 교회학교 전성시대는 믿음의 전성시대다!

우리에게도 다니엘이 있다 38
우리에게도 다니엘의 세 친구가 있다 40
우리에게도 에스더가 있다 43
우리에게도 한나가 있다 46

PART 2 도전

CHAPTER 03 믿음에 집중했더니 청소년 사역에 부흥이 임했다!

기본으로 승부하기	56
예배로 승부하기	61
설교로 승부하기	64
제자 훈련과 루틴으로 승부하기	67
교사로 승부하기	74
학교 현장에서 승부하기	78
입시에서 승부하기	91

CHAPTER 04 믿음에 투자했더니 청년부가 일어나기 시작했다!

'교회의 허리'를 세우는 힘으로 승부하기	102
100명의 청년 예배로 승부하기	105
영적 공급으로 승부하기	108
텃세가 아닌 함께함으로 승부하기	110
헌신과 사역으로 승부하기	113
교회 전체를 이끄는 동력으로 승부하기	117

PART 3　실행

CHAPTER 05　믿음으로 승부했더니 전통교회가 변화되었다!

은혜로 승부하기	127
말씀과 기도로 승부하기	129
양육으로 승부하기	134
신앙의 세대 전수로 승부하기	141

CHAPTER 06　믿음으로 학교를 세우다!

강력한 믿음의 세대를 세우라	150
사무엘과 같은 믿음의 인재로 키우라	153
세 가지 교육에 집중하라	156

나가는 글　166
주　172

PART 1

진단

CHAPTER 01

진짜 문제는 '믿음 없음'이다!

그 후에 일어난 다른 세대는 여호와를 알지 못하며
여호와께서 이스라엘을 위하여 행하신 일도 알지 못하였더라
삿 2:10

청소년 연합 수련회에 가면, 설교 때 꼭 하는 질문이 있다.

"학교에서 급식 시간에 기도하는 사람 손들어 봅시다!"

몇 명이나 들까? 10퍼센트도 채 들지 않는다. 어느 특정 수련회가 아닌, 집회 가는 데마다 물어보아도 비슷한 비율의 학생들만 손을 들었다. 친하게 지내는 한 목사님은 딸에게 "너는 학교에서 급식 먹을 때 기도하니?" 하고 물었더니 딸의 대답은 이랬다고 한다.

"아빠, 미쳤어? 거기서 기도하게!"

작년에 기독교 대안학교를 시작했다. 어쩌다 보니 학생들은 100퍼센트 모태 신앙이고, 목회자 가정도 꽤 많다. 그런 아이들에게 질문했다. "초등학교 때 급식 시간에 기도한 사람?" 1명 빼고 아무도 하지 않았다고 했다. 매우 충격이 컸다. 지금 우리 가운데도 믿음의 깊은 체험 속에서 교회를 다니는 아이들은 극소수로 본다. 다들 그저 교회에 출석하고 있는 것뿐이다.

얼마 전 서울에서 역사와 전통이 있는 미션 스쿨의 교목을 만났다. 그 학교는 기독교 신앙으로 유명한 사립학교이기에, 믿음 있는 부모들이 입학 상담을 많이 한다고 했다. 그러나 충격적인 것은 한 반 30명 가운데 교회에 다니는 학생은 3명밖에 없다고 했다. 심지어 1명도 없는 반도 있다고 한다. 분명 부모는 기독교인인데, 자신의 종교란에 무교라고 표시하는 아이들도 많단다. 심지어 학교 신우회장을 맡은 어머니의 기도 제목은 '우리 아들이 꼭 교회 다니게 해주세요'라는 후문이다. 이렇게까지 빠르게 믿음의 세대가 사라졌나 싶은 생각이 들 정도로 우리 시대의 영적 현실은 처참하다.

교회에서 더 이상
아이들이 보이지 않는다

영등포에 있는 모 교회는 10년 전만 하더라도 아이들로 넘쳐났고, 전국 감리교회 축구대회 우승도 거머쥔 교회다. 그러나 얼마 전에 교회학교가 아예 문을 닫았다고 한다.[1] 교회의 아이들로는 축구팀 구성이 안 되는 정도가 아니라, 아예 아이들이 사라진 교회가 된 것이다.

교회에 아이들이 없다고 하면 가장 먼저 떠오르는 것은 학령인구의 감소다. 합계 출산율이 1 이하(0.72명, 2023년 기준)로 떨어진 대한민국은 국가적 대위기 가운데 놓였다. 우리 교회만 하더라도 위치는 서울이지만 교회 주변의 초등학교와 중고등학교에 아이들이 정말 없다. 한 학년에 세 학급도 간신히 유지하는 수준이다. 그래서 교회에 아이들이 없는 첫 번째 이유로 학령인구 감소를 이야기하는 분들이 있다.

물론 맞는 말이지만 교회는 학령인구 감소 수치와 비교가 안 될 정도로 아이들이 줄고 있다. 이제는 노회에서 자립 교회를 구분할 때, 교회학교가 있는 교회와 없는 교회로 나눌 정도다. 노회에서 주최하는 찬양 율동 대회를 가더라도, 노회 내 몇몇 대형교회만의 리그가 되어 버렸다. 견실한 중형교회 가운데 교회학교가 없는 교회가 많아지고 있다. 아이들이 더 이상 교회에서 보이지 않게 된 것이다.

목회데이터연구소에 의하면 예장 통합 기준, 교회학교 학생들의 숫자가 2013년 34만 명에서 2022년에는 21만 명으로 줄어든 것으로 집계됐다. 10년 새 무려 37%가 줄어든 것이다.

특히 눈여겨봐야 할 통계가 초등학생이다. 지난 10년간 학령인구는 4% 줄어든 것에 반해, 교회학교는 무려 36%가 줄어들었다.[2] 학령인구 저하 속도보다 훨씬 더 교회학교 이탈이 크다는 것을 알 수 있다.

그간 한국 교회의 교회학교는 초등학생들이 먹여 살렸다고(?) 해도 과언이 아니다. 다른 부서에는 아이들이 없더라도 유초등부는 늘 복작였다. 다른 부서는 전도가 힘들어도 초등학생 부서는 그나마 수월한 편이었다. 그러나 이제는 교회마다 초등학생이 귀한 존재다.

왜 지금은 과거처럼 교회에 어린이들이 보이지 않을까? 우선은 가정마다 아이들이 워낙 귀한 시대다 보니, 믿지 않은 부모들이 자녀들을 쉽게 교회로 보내 주지 않는다. 전도를 하려고 해도, 일일이 부모의 승낙을 맡아야 하는데 이 과정이 어렵다.

아이들은 주일에도 일정이 많다. 여러 취미 활동에 참여해야 하고 가족 여행이나 행사도 많다. 과거처럼 초등학생을 전도하기는 매우 어려워졌다. 초등학생을 대상으로 전도하는 교회도 이제는 찾아보기 힘들게 되었다. 교회에서 아이들이 사라진 모습이 지금 대한민국 교회의 영적 현주소다.

교회를 떠나는 시기가
빨라지고 있다

초등학생 자녀를 둔 부모들이 종종 상담을 요청할 때가 있다. 상담의 내용은 자녀의 신앙 문제다. 초등학생인 자녀가 교회에 가기를 거부한다는 것이다. 과거에는 보통 중고등학생에게 일어나던 일들이 이제 초등학생에게 일어나고 있다. 자녀들의 가치관 확립의 시기가 확실히 빨라지고 있음을 체감한다.

초등학교 고학년만 되더라도 교회에 가기 싫어하는 경우가 꽤 많아졌고, 같은 현상으로 아이들은 중학교 때 교회를 가장 많이 떠난다.[3] 고등학교를 졸업하면서 교회를 가장 많이 떠나던 시기가 성큼 앞당겨진 것이다. 초등학교 때까지는 간신히 부모의 통제 속에서 교회에 출석했지만, 중학교 시기가 되면서 교회를 등지는 아이들이 많아지고 있다.

이러한 현상이 충격적인 것은 지금 교회에 나오는 학생 대부분이 기독교 가정 출신이라는 점이다. 현재 중고등학생 60퍼센트가 모태 신앙이고, 중학교 입학 전에 교회를 다닌 학생이 94.6퍼센트다. 부모가 모두 비기독교인 경우는 14퍼센트밖에 되지 않는다.[4]

믿음의 가정에서 자란 아이들이 왜 교회를 떠나려고 할까? 지금도 수많은 아이들이 기회만 되면 교회를 떠나려 한다. 더 이상 부모를 따라서 억지로 교회 오기 싫은 것이다. 실제로 아이들의 40퍼센트가 성인이 되면 교회를 떠나겠다고 답변했다.[5] 이러한 의사는 그대로 반영이 되어서, 고등학교를 졸업한 이후 교회도 동시에 졸업하는 학생들이 얼마나 많은지 모른다. 이 현상으로 학령 연령이 높아질수록 교회학교 아이들은 감소하고 있다.

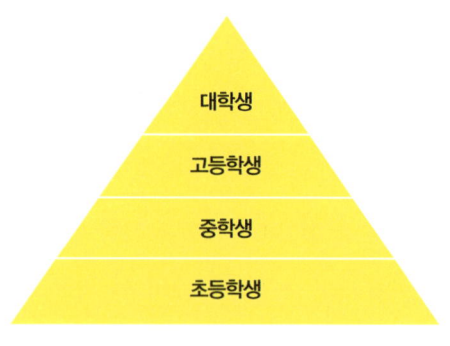

| 교회학교의 피라미드 구조 |

자녀들이 교회를 떠나는 이유

그렇다면 왜 우리 자녀들은 교회를 떠나려고 할까? 미국 사우스웨스턴신학교 은퇴 교수인 웨슬리 블랙(Wesley Black)은 이 부분에 대해서 오랜 시간 심층 연구를 하였다. 미국은 고등학교 졸업 후 많게는 70퍼센트가 교회를 떠났는데, 가장 큰 이유는 믿음 때문이다. 모태신앙이든 부모의 직분이 어떻든 상관없이 믿음이 있으면 교회를 떠나지 않았고, 믿음이 없으면 교회를 쉽게 떠났다.[6] 다시 말하면, 신앙이 부모 세대에서 멈춘 아이들은 교회를 떠났고 자기만의 신앙을 굳게 형성한 아이들은 교회를 떠나지 않았다. 중학교와 고등학교 때까지는 부모의 강요에 못 이겨 교회에 출석했지만, 그 이후에는 믿음이 없으면 쉽게 교회를 떠난 것을 볼 수 있다.

중고등학생의 경우 시험 기간이면 아이들이 교회를 빠지고 학원에 가는 일은 너무 당연한 현상이 되어 버렸다. 아이들에게 믿음 자체가 형성이 되지 않았기에, 아이들은 왜 주일을 지켜야 하는지 이유를 모른다. 믿음이 없으니 시험 기간에 친구 따라서 학원 보충에 가는 것이 당연한 일이 된 것이다. 교회의 수많은 자녀들이 왜 교회에 꼭 가야 하는지도 모른 채, 아무런 이유 없이 신앙생활을 하고 있다는 것이 심각한 문제다.

지난해 12월, 교회 청소년부를 대상으로 설문 조사를 진행했다. 우리 교회 청소년이 어떤 아이들인가 하면, 대부분이 모태 신앙으로 심성이 매우 착하다. 수련회 참석률은 95퍼센트 이상일

정도다. 그런데 설문 조사 중 "하나님을 인격적으로 만난 경험이 있는가?" 항목에서 정말로 그렇다고 답변한 학생은 고작 10퍼센트밖에 없었다.

무엇을 의미하는가? 교회에서 순해 보이고 착해 보이는 아이들의 대부분이 믿음이 없이 그저 교회에 왔다 가는 것이다. 부모의 신앙에 의해서 교회에 끌려오는 아이들이 다수다.

지금 아이들은 스스로의 의지로 신앙생활하는 것이 아니고, 부모의 강요로 간신히 교회에 붙어 있다. 이 아이들이 성인이 되어 자기 의사 결정권이 생기면 과감히 교회를 떠난다는 것이다. 결국 우리 자녀들에게 믿음 없음이 가장 큰 문제인 것을 다시 확인할 수 있다.

―

진짜 문제는
믿음 없는 부모다

코로나 시기에 많은 교회로부터 SOS 요청을 받았다. 도저히 교회학교의 대안을 찾을 수 없다고 했다. 모이기가 힘들고 교회 프로그램을 활용하기 어려운 때, 많은 교회가 가정 신앙 활동을 강조하고 이를 위해 집중적으로 투자했다. 결과는 어땠을까? 다수의 교회에서 처절한 실패를 경험했다.

그 이유가 무엇일까? 부모에게 믿음이 없음을 놓친 것이다. 가정에서 신앙 교육이 이뤄지려면, 그 전제가 부모의 믿음이다. 그러나 현실은 부모의 믿음이 너무나도 없다. 그러니 가정에서 신앙 교육이 제대로 될 리 없다.

실제로 지금 교회학교가 활발한 교회와 그렇지 않은 교회의 특징은 전적으로 부모에게 달렸다. 이른바 3040세대의 믿음에 따라서 사뭇 다른 결과가 나온다. 3040세대가 활성화된 교회의 교회학교는 잘될 수밖에 없다. 3040세대가 죽어 있으면 교회학교 역시 죽어 있는 것이다.

그렇다면 한국 교회 3040세대의 믿음은 어떠할까?

우선 지난 10년 동안 이들의 교회 출석률이 50퍼센트로 줄어든 것으로 확인되었다. 실제로 전 연령 중에서 3040세대가 믿음이 가장 약한 것으로 통계 결과가 말한다. 교회에서 주일 예배 이외에 다른 활동은 하지 않는 비율이 가장 높은 세대다. 그들도 스스로 믿음이 없다고 고백하고 있다.[7] 3040세대의 믿음은 계속 흔들린다.

교회학교 부모 세대 심층 분석

교회학교 부모 세대의 믿음이 약한 이유는 다음과 같다.

첫째, 현재 교회학교의 부모 세대인 3040세대의 상당수는 종교적 관습으로 신앙생활을 한다. 지금 교회에 출석하는 3040세대는 어렸을 때부터 다닌 교회를 계속 이어오는 이들이 월등히 많다. 이 3040세대 중 상당수는 부모의 손에 이끌려 신앙생활을 시작했다. 무려 75퍼센트가 어렸을 때부터 부모와 함께 신앙생활을 시작한 것이다.[8]

이들 중에 사도 바울처럼 다메섹 도상에서 뚜렷이 예수님을 만난 경험을 한 이들은 많지 않다. 지금까지 살면서 신앙생활의 어려움이나 신앙의 위기를 겪은 적도 거의 없다고 볼 수 있다. 그들은 자의 반 타의 반으로 신앙생활을 해 왔고, 지금은 아이를 낳고 키우며 살고 있는 것이다. 특히 전통교회를 보면, 믿음이 크지 않더라도 주일이면 교회는 꼭 나오는 3040세대가 많은 것을 알 수 있다. 이들은 왜 교회에 오는가? 혹 믿음은 없더라도 어렸을 때부터 익숙한 종교적 전통과 관습에 의해서 교회를 다닌다.

둘째, 3040세대 중에 복음을 정확히 체험한 수가 확연히 적다.

실제로 하나님을 믿는다고 말한 3040세대 중에서, 예수 그리스도가 누구신지 모르는 비율이 무려 34퍼센트나 되었다. 이들은 복음을 전혀 모르면서도 교회에 출석하는 것이다. 이러한 모습은 앞선 세대와 확연히 차이를 보인다. '하나님이 내 삶의 전부이시고 나는 하나님으로 만족한다'는 질문에 동의하는 비율이 5060세대는 30퍼센트인 반면, 3040세대는 11퍼센트밖에 되지 않았다.[9]

셋째, 3040세대 중 최근에 새로 복음을 받아들인 사례는 별로 없다. 성인이 된 이후 누군가의 전도를 통해서 교회에 출석한 경우는 고작 18퍼센트밖에 되지 않는다.[10]

내가 어렸을 때는 이런 모습을 심심찮게 보며 자랐다. 동네에서 어떤 아저씨나 아주머니가 전도를 받고 교회에 나오면, 그 집의 아이들이 다 교회에 온다. 특히 예수님을 갓 믿어 뜨거운 구원의 체험을 하면, 자녀들도 그런 경험을 시키기 위해서 부단히 노력했다. 그래서 가족 모두가 주일 낮 예배, 저녁 예배, 수요 예배에 참석하는 경우가 많았다. 최근에는 이런 모습을 본 적이 없다. 3040세대 중 근간에 영적인 체험을 한 사례가 드물다. 역사상 가장 믿음이 약한 세대가 바로 지금의 교회학교 부모 세대가 된 것이다.

부모들이 예수도 제대로 모르고 복음도 모르는 채 교회를 다니는데, 그 자녀에게 믿음이 들어갈 수 있을까? 거의 어렵다고 본다. 신앙 없는 부모들이 자녀에게 가르칠 수 있는 것이 무엇일까? 믿음 없는 부모들에게 신앙의 최대치는 '주일 예배 출석'일 수밖에 없다. 그러하기에 자녀 세대에게 믿음이 들어갈 수 없다. 일주일 168시간 중에서 고작 1시간을 교회에서 보내고 나머지 167시간을 세상의 가치관 속에서 보내는데, 어떻게 믿음이 들어갈 수 있겠는가?

문제는 믿음이 사라져가는 것이 얼마나 무서운지 잘 모른다는 사실이다. 지금 한국 교회가 얼마나 빠른 속도로 믿음에서 떨어져 가는지 체감하지 못하고 있다. 이것은 한국 교회가 직면한 최악의 재앙이다. 이 재앙이 지금 교회와 가정에 이미 닥쳤는데, 대다수가 위기를 인식하지 못하고 있다.

기억하는가? 동일본 대지진으로 2만 명 넘은 사망 및 실종자가 발생했고, 인도네시아는 쓰나미로 30만 명 이상 목숨을 잃었다. 아이티도 16만 명 이상이 사망하였다. 이런 것을 대재앙이라고 한다. 지금 한국 교회를 영적인 눈으로 보면 이러한 대재앙 속에 있다. 우리의 자녀들은 어떠한가? 교회학교의 다음 세대는 어떠한가? 안전하다고 보는가? 출석 숫자를 보지 말라! 교회 출석 유무를 보지 말라! 영적인 눈으로 그들의 믿음을 제대로 보길 바란다. 과연 믿음 가운데 선 세대가 얼마나 되는가?

기억하라! 믿음이 없이는 하나님을 기쁘시게 할 수 없다. 믿음의 세대가 만들어지지 못하면, 가정과 교회는 하나님의 기쁨이 되지 못한다. 이것은 매우 심각한 문제다. 지금 가정과 교회에 불어닥친 대재앙을 극복할 수 있는 방법은 무엇일까? 바로 믿음으로 승부하는 것이다. 믿음이 유일한 답이다.

이전에는 중고등학생에게 일어나던 일들이
지금은 초등학생에게 일어나고 있다.
고등학교를 졸업하며 교회를 떠나던 그 시기가
이제 성큼 앞당겨진 것이다.

믿음의 가정에서 자란 아이들이
왜 교회를 떠나려고 할까?
신앙이 부모 세대에서 멈춘 아이들은
교회를 떠났고
자기만의 신앙을 굳게 형성한 아이들은
교회를 떠나지 않았다.

CHAPTER 02

교회학교 전성시대는 믿음의 전성시대다!

또 어떤 이들은 조롱과 채찍질뿐 아니라
결박과 옥에 갇히는 시련도 받았으며
히 11:36

"옛날에 우리 교회 아이들이 얼마나 많았는지 아세요?"
"목사님, 예전에 우리 교회학교 아이들이 수백 명이었습니다."
여러 교회나 집회를 가 보면 과거를 회상하는 분이 꽤 많다. 이것은 내가 시무하는 청암교회도 마찬가지다.
"목사님, 옛날에는 유년부가 300명이었어요."
이 말은 귀가 따갑게 들었다. 이렇게 대부분 숫자를 이야기하지만, 실은 교회학교 전성기를 보면 숫자가 전부를 말해 주는 것은 아니다. 지금은 주 5일제를 실시하고 있고 회사 대부분에서 연차를 쓸 수 있지만, 주 5일제 도입 이전에는 일주일에 쉬는 날이 단 하루였다.

신앙의 선배들은 그 하루를 온전히 하나님께 드렸다. 주일성수에 대한 관념이 철저했다. 주일에 다른 일은 일절 하지 않고, 주일 새벽부터 저녁까지 온전히 예배를 드리며 봉사하는 날이라고 믿어 왔다.

교회학교 교사들은 주일 아침 이른 시간부터 아이들을 깨우고, 데리러 가기 위해 분주하게 움직였다. 그렇게 주일학교 예배와 오전 예배를 드리며 봉사하고, 또 오후에 있는 주일학교 프로그램에 투입되었다. 이후 저녁 예배까지 다 드리고서야 긴 주일 하루를 마무리했다.

이처럼 교회학교 전성시대를 회고해 보면, 지금은 감히 생각할 수 없는 믿음의 전성기였다고 할 수 있다. 교회마다 믿음이 탁월한 교사와 학생이 넘쳐났다.

우리에게도 다니엘이 있다

목사이신 나의 아버지는 제주 선교에 대한 비전을 품고 1980년도에 제주도 토산교회로 임지를 옮기셨다. 토산은 제주 지역 중에서도 우상 숭배가 매우 강할 뿐 아니라 뱀을 신으로 섬기는 신당이 있던 곳이었다. 마을에는 기독교 신앙을 가진 사람들이 거의 없었고, 교회의 장년 성도는 10명도 되지 않았다. 하지만 어렸을 때 내가 기억하는 풍경은 교회의 형, 누나들이 등교 전에 반드시 교회에서 와서 기도하는 모습이다. 하교 후에도 역시 교회에 들러 기도하고 가던 그들의 모습이 생생하다.

몇 해 전, 토산교회를 방문해 교회 장로님을 만날 수 있었는데 매일 교회에 와서 기도하던 바로 그분이셨다. 영적으로 척박한 곳에서도 날마다 기도하기를 쉬지 않던 그 영성이 지금 교회를 지키는 믿음의 장로를 만든 것이다.

나라를 잃고 부모를 잃고 홀로 바벨론 포로로 끌려간 다니엘을 보라. 그는 바벨론화 되지 않았고 조금도 요동하지 않았다. 오히려 다니엘의 믿음은 더욱 굳건해졌다. 다니엘은 어떤 상황에서도 예루살렘 성전 방향을 향해 하루 세 번씩 기도하였다. 심지어 총리가 되고 그를 죽이려는 정치인들이 '기도 금지 법안'을 만들었을 때도 다니엘은 기도를 멈추지 않았다. 사자의 밥이 될 것을 알고도 끝까지 믿음을 포기하지 않았다.

우리나라 교회학교가 한창 부흥하고 성장했던 때를 보면, 단지 숫자만 부흥했던 것이 아니다. 믿음의 '클래스'가 달랐다. 지금처럼 전문화된 교육 시스템도 인력도 없었지만 다니엘과 같은 학생들이 교회마다 있었다. 아버지께서 교회를 개척하셨을 당시, 중고등부 학생 40명 중 20명은 주일 오후에 성경 공부를 하고 저녁 예배 찬양대에 섰다. 그때는 주일에도 학교 출석을 강요하는 고등학교가 있었는데, 선생님께 매 맞고 혼이 나면서도 교회에 와서 예배드리며 믿음을 지켰다. 그러나 지금 이 시대는 다니엘이 없다. 없어도 너무나도 없다. 어떠한 상황에도 오직 하나님만을 찾고 구하는 다니엘이 사라진 시대가 되어 버렸다.

우리에게도 다니엘의 세 친구가 있다

1949년 4월 28일, 파주 죽원리교회(현, 대원교회) 주일학교에 출석하던 초등학생 42명이 국기 배례를 거부한다는 이유로 퇴학을 당했다. 당시 교회를 담임하던 최중해 목사는 구속되었다. 앞선 1947년도에는 안동농림중학교 학생 5명이 국기 배례를 거부하여 퇴학을 당했고, 이에 따른 반발로 학생들이 시험을 거부하여 추가로 학생 143명이 퇴학을 당했다.

당시 교회는 국기 배례를 일제 강점기의 신사 참배와도 같은 우상 숭배로 가르쳤다. 이 말씀을 들은 초등학생과 중학생들이 십계명 중 2계명을 지키기 위해서, 학교 퇴학을 불사하며 국기 배례를 거부한 것이다. 이 제반 사건들은 한국 교회를 흔들었다. 결국 대한예수교장로회는 대통령에게 배례(拜禮)를 주목례(注目禮)로 전환할 것을 요청하였고, 마침내 관철되어 지금의 국기에 대한 경례로 바뀌게 되었다.[1] 이후 학생들의 퇴학은 철회되었고 학교에 모두 복귀할 수 있었다.

신앙과 믿음을 지키기 위해서 초등학생 42명이 퇴학을 감수했다는 것이 믿기는가? 이와 비슷한 사례가 성경에 등장하는 다니엘의 세 친구일 것이다. 바벨론 포로로 끌려간 사드락과 메삭과 아벳느고는 느부갓네살왕의 금 신상에 절하지 않아서 용광로에 던져진다. 그들은 죽음을 코앞에 둔 순간에도 믿음을 지켰다.
"하나님이 우리를 건져 주실 것이다. 하지만 그리 아니하실지라도 우리는 신상에 절할 수 없다!"
얼마나 멋진 믿음의 고백인가? 약 2600년 전, 다니엘의 세 친구만 이 고백을 한 것이 아니다. 우리나라에서 초등학생 한두 명도 아니고 무려 42명이 퇴학을 불사하면서 믿음을 선택한 것이다. 이들은 다니엘의 세 친구보다 더 어린 학생들이었다. 하지만 그 어린아이들에게 신앙은 학교생활보다 더 귀했다.

요즘같이 공부에 목숨을 거는 시대에는 도무지 이해되지 않는 일일 것이다. 시험 기간에 학원 보충과 교회 출석을 두고 고민하는 이 시대의 아이들에게는 먼 옛날이야기로 들릴 수도 있을 것이다. 과거의 교회와 현재 교회의 가장 큰 차이점이 무엇일까? 과거에는 교회학교 아이들이 많았는데, 지금은 적은 단지 그 차이일까? 진짜 큰 차이점은 믿음의 차이일 것이다.

과거 교회학교는 지금과 비교해 볼 때 지루하기 그지없는 예배였지만, 아이들은 예배에 집중하였고 열심히 참여했다. 예배가 시작되기 1시간 전부터 오는 아이들도 많았다. 어린이 부서도 주일 오전 예배와 저녁 예배가 있었고, 심지어 수요 예배도 있었다. 지금처럼 전문화된 교역자도 없었지만 아이들에게 말씀이 들어갔고, 그 말씀이 살아 움직였다. 난방 시설도 전혀 갖추지 못한 차디찬 예배당 마룻바닥에 무릎을 꿇고 1시간 이상씩 예배를 드렸다. 대부분 모태 신앙이 아닌 신앙의 1세대들이었지만 믿음의 강인함이 있었다. 다니엘의 세 친구와 같은 이러한 믿음의 자녀들이 지금의 우리에게도 필요하다.

우리에게도 에스더가 있다

총신대학교 재학 시절 낙도 선교회에서 활동했다. 선배들은 낙도에서 선교 활동을 하면서 겪은 일화를 드라마로 구성하여, 지역 교회를 돌면서 드라마 공연을 했다. 이 드라마의 배경이 되는 스토리가 있다. 여름 방학을 맞이하여 신학생들이 경상남도의 한 섬으로 단기 선교를 떠났다.

동네를 돌면서 예수님을 소개하는데, 아이들의 반응은 '예수가 뭐꼬?'였다. 마을 아이들은 태어나서 예수님에 대해서 들어본 일이 없었다. 그 동네는 교회도 없었고, 기독교 가정이 없었기에 일어난 일이었다. 복음의 황무지 같은 그 섬에서 신학생들이 열심히 복음을 증거했고, 아이들은 매일 마을회관에 모여서 열심히 예배를 드렸다.

그중 가장 열심히 예배를 드리던 미주라는 여학생이 있었다. 미주는 누구보다 예수님을 사랑하는 아이였다. 그런데 갑자기 미주가 마을회관에 나타나지 않는 것이다. 어렵게 미주를 찾았는데 집에 홀로 있었다.

"미주야, 왜 마을회관에 오지 않았니?"라고 묻는데, 아버지가 가지 말라고 했다는 시무룩한 답변뿐이었다. 미주 곁에 앉아 자세한 이야기를 들어보니 이런 내막이었다. 뱃일을 하는 아버지가 물고기가 한 마리도 잡히지 않아 무척 화가 난 상태로 집으로 왔는데 우연히 옆집 사람에게 미주가 예수쟁이들에게 갔다 왔다는 소식을 접했다.

아버지는 그날 물고기를 못 잡은 이유가 딸이 예수쟁이한테 다녀와서 그렇다고 생각해, 미주를 심하게 때리며 다시는 예배드리러 가지 못하게 한 것이다. 하지만 미주는 교사와 이야기를 나눈 그다음 날, 예배를 드리기 위해 다시 마을회관에 왔다. 자신의 믿음을 포기하지 않은 것이다.

기원전 5세기 말 무렵, 에스더는 세계 최대 강대국 페르시아의 왕비가 되었다. 소수민족 출신으로서, 그것도 피지배계층 출신으로서 기적과 같은 일이었다. 하지만 총리대신 하만의 음모로 에스더의 민족 히브리 사람들이 몰살 위기에 빠진다.

이때 에스더는 '죽으면 죽으리라'라는 담대한 믿음으로 민족을 구해낸다. 당시의 법은 아무리 왕비라고 할지라도 왕이 부르지 않았는데 왕의 보좌 앞에 나갈 경우, 왕이 홀을 내밀어 받아 주지 않으면 죽임을 당했다. 에스더는 죽음을 각오하고 3일을 금식한 후에 왕에게 나아간다. 왕은 다행히도 에스더를 받아 주었고, 에스더는 자기 민족을 구할 수 있게 된다.

에스더를 떠올리면 자연스럽게 따라붙는 수식어가 '왕비'이니 에스더가 어느 정도 나이가 있을 것으로 예상하지만, 당시 에스더는 지금의 우리로 하면 중학생이나 고등학생 나이밖에 되지 않았다. 하지만 에스더에게는 자신의 목숨보다 민족이 더 중요했다. 생명을 걸 수 있는 믿음이 그녀에게 있었다는 것이다.

그러나 지금, 이러한 믿음의 학생들이 우리 곁에서 좀처럼 보이지 않는다. 부모들은 자녀들을 너무나도 귀하게 키웠고, 자존감을 가장 중요하게 여기는 교육을 해왔다. 그래서 지금의 아이들은 자기의 신앙이 없다. 뿐만 아니라 이기적인 마음까지 가득한 안타까운 모습을 본다.

경남의 한 작은 섬에서 본 미주의 모습이 자꾸 떠오른다. 부모에게 맞더라도 예배를 드리기 위해 나서고, 성경책을 다 불에 태우고 머리를 밀어 버리겠다고 해도 예배당에 가던 신앙 선배들의 모습이 떠오른다. 지금 우리에게는 에스더와 같은 믿음의 딸이 필요하다.

우리에게도 한나가 있다

『엄마의 일기가 하늘에 닿으면』이라는 책을 보면, 저자 이화정 목사는 교통사고로 어머니가 병원에 입원해 계시는 동안 어머니가 30년 동안 쓰신 38권의 일기장을 발견한다. 가난한 가정에서 자란 어머니는 결혼 이후에도 가난을 떨치지 못했다.

그러다 시골 섬에서 우연히 울려 퍼지는 교회 종소리를 듣고는 교회에 나가게 되었고, 하나님을 만났다. 그 뒤, 밤마다 기도를 일기 형식으로 기록했다. 경제적으로 어려워서 하나밖에 없는 아들을 한 번도 도와줄 수 없었던 어머니지만, 하루도 빠짐없이 아들을 위해서 기도했다. 1997년, 아들을 위해서 쓴 기도문이 있다.

우리 아들이 능력 있는 자나 연약한 자나
모두 품어줄 수 있는 목회자가 되길 기도합니다.
돈 있는 자나 없는 자나 한결같이 사랑해 주고
기도해 주는 목회자가 되길 기도합니다.
가진 것 없다고 남에게 무시당하고 손가락질당하는 사람들

사랑해 주고 기도해 주는 목회자가 되길 기도합니다.
궁핍해서 고개를 들고 살지 못하는 이들의
손을 잡아 주길 기도합니다.
우리는 가진 것이 없이 이렇게 어려운 가정환경에서
살아왔지만 우리 아들은 능력 있는 하나님의 종이 되어서
하나님의 뜻을 잘 따라서 깨끗한 하나님의 종이 되길
소망하며 기도합니다.[2]

이화정 목사의 어머니는 아들을 위해서 해줄 수 있는 것이 아무 것도 없었다. 실은 그녀는 불임으로 아이를 낳지 못해, 개천 다리 아래 버려진 아이를 데려다가 키운 것이다. 그 아들을 위해서 해준 것은 기도밖에 없었다. 새벽마다 밤마다 입양한 아들이 훌륭한 목사가 되라며 오직 기도로 양육한 것이다. 그리고 결국 그 기도가 그대로 응답이 되어서, 아들은 지금 독일에서 가장 훌륭하게 이민 목회를 하는 목사가 되었다.

성경의 한나 또한 불임으로 마음고생을 많이 하였다. 그때 한나는 성전에서 하나님께 매달린다. 오직 기도로 승부를 건다. 그렇게 태어난 인물이 사무엘이다. 사사이자 선지자이자 제사장인 사무엘이 영적 거장으로 성장한 것은 전적으로 어머니 기도 때문이다.

이 시대의 부모들은 자녀에게 모든 것을 다 해주려 한다. 경제적 여유가 없어 투잡(two job)을 뛰더라도 자녀에게 조기 영어 교육, 좋은 학원, 명문 학교, 유학, 해외여행 등 최고의 환경과 교육 기회를 제공해 주려 한다. 하지만 이 시대에는 사무엘이 없다. 사무엘이 보이지 않는다. 왜 그럴까? 한나가 없기 때문이다.

늘 내 기억 속에는 시골에서 새벽마다 기도하시던 집사님, 권사님들이 남는다. 그렇게 간절히 기도하는 가정들은 한결같이 경제적으로 어려웠고 하루 품삯으로 사는 분도 많았다. 그런데 그들은 모두 기도에 목숨을 걸었다. 그 가정의 자녀들 가운데 망했거나 곁길로 간 경우를 본 적이 하나도 없다. 당시 시골 교회를 목회하셨던 아버지는 지금도 그 성도분들의 기도에 탄복하신다.

매일 1시간을 걸어 교회에 오셔서 기도하시던 집사님, 교회 오는 길에 바닷물이 들어와 길에 강이 생기면 한겨울에도 옷을 벗고 그 강을 건너 새벽에 기도하러 오시던 집사님, 집이 너무 가난해 자녀들 고등학교도 보내지 못했지만 오직 기도로 매달리던 집사님…. 그들은 자녀들을 위해서 오직 기도에 힘을 쏟았다. 경제적으로 해줄 수 있는 것은 하나도 없었지만 자녀들의 신앙은 한결같이 잘 세워지고 믿음으로 든든히 성장했다.

지금 이 시대의 문제는 무엇인가? 기도의 어머니가 없다. 믿음의 어머니가 너무나도 없다. 기억에 남은 한 흑백 사진이 있다. 젊은 엄마가 아이를 한 명 안고 한 명은 옆에 데리고 무릎 꿇고 간절히 기도하는 모습이다. 이 사진은 1973년경, 일본의 노무라 모토유키 목사가 찍은 것이다. 남편은 폐결핵으로 먼저 세상을 떠났고, 앞으로 남은 인생을 두 아이와 어떻게 살아나가야 할지 막막한 여인이 집회에 참석하며 눈물로 간절히 기도하는 장면이다. 희망이라고는 도무지 보이지 않지만 자기 두 아들의 인생을 하나님께 맡기면서 기도하는 어머니의 모습이다.

그런데 지금은 자녀들을 완전히 하나님께 맡기며 매일을 기도로 살아가는 믿음의 여인, 한나를 볼 수가 없다. 우리 다음 세대가 이 시대의 사무엘이 되기를 원하는가? 그러면 믿음의 여인 한나가 먼저 필요하다.

부모에게 맞더라도 예배를 드리기 위해 나서고,
성경책을 다 불태우고
머리를 빡빡 밀겠다고 겁을 줘도
예배당에 가던 신앙 선배들의 모습이 떠오른다.
지금 우리에게는 에스더와 같은
믿음의 딸이 필요하다.

지금 이 시대의 문제는 무엇인가?
기도의 어머니가 없다.
믿음의 어머니가 너무나도 없다.
우리 다음 세대가 이 시대의
사무엘이 되기를 원하는가?
그러면 믿음의 여인, 한나가 먼저 필요하다.

PART 2

도전

CHAPTER 03

믿음에 집중했더니,
청소년 사역에 부흥이 임했다!

이런 사람은 세상이 감당하지 못하느니라
그들이 광야와 산과 동굴과 토굴에 유리하였느니라
히 11:38

청소년 사역은 늘 어렵다. 미국 유학 시절, 이민 교회에서 한인 교포 2세들을 대상으로 청소년 사역을 시작하게 되었다. 당시 섬기던 교회의 청소년은 대부분 미국 문화와 영어를 더 편하게 받아들이는 아이들이었다. 한국에서 청소년을 대상으로 하는 사역도 힘든데, 전혀 다른 환경 속에서 자란 교포 청소년을 대상으로 하려니 사역이 도무지 마음처럼 되지 않았다. 이렇게 저렇게 시도하는 모든 프로그램마다 다 실패하는 것 같았다.

이렇게 실패 경험을 거듭하다 보니 '목사로서 나는 어떤 존재인가?'라는 자괴감까지 들기 시작했다. 그러던 어느 하루, 학생들에게 기도 제목을 받았다. '내가 목사로서 다른 것은 못 해도 아이들을 위해 기도는 해줘야지.' 이런 마음이었다. 그런데 한 여학생의 기도 제목을 받아 들고는 충격에 휩싸였다. 그 학생의 기도 제목은 건조한 한 줄이었다.

"목사님 영어 실력 향상."

내 자존감은 이제 완전히 바닥을 쳤다. 이렇게 최악의 상황에서 과연 청소년 사역을 할 수 있을까 고민했고, 결국에는 사임을 마음먹기에 이르렀다.

기본으로 승부하기

하지만 목사가 이대로 사임할 수 없어서, 기도하고 사임하기로 결심했다. 학교 기도실에서 간절히 기도하는데 하나님의 응답이 왔다. "기본으로 돌아가라!"였다. 평소 전혀 경험해 보지 않던 유형의 응답이었다.

청소년 사역의 기본이 무엇인가, 고민을 해보았다. 곰곰이 생각해 보니 기도와 말씀이 신앙의 가장 기본이었다. '기도와 말씀 훈련을 시키라는 것인가?' 이 마음을 가지고 주일에 교회로 갔다. 그리고 기도와 말씀의 중요성을 가르치고 매주 해야 할 교회 숙제를 내주었다. 여기에는 매일 기도, 매일 성경 읽기 3장, 매일 큐티가 있었고 부모에게 반드시 확인 서명을 받게 했다.

이것도 안 되면 사임할 생각이었기에 마지막으로 '신앙의 기본기 다지기' 프로그램을 도입했다. 그런데 놀라운 일이 발생했다. 학생들의 90퍼센트가 이 영성 훈련에 따라오면서 아이들이 서서히 변화되기 시작했다. 워낙 청소년부가 작은 규모였기에 교사도 찬양팀도 없이 컴퓨터 반주로만 예배를 드렸는데, 어느 순간 예배에 은혜가 임하는 것이 느껴졌다.

그리고 학생들이 영적으로 성장하는 것이 확연히 보였다. 안 되는 영어로 간신히 해오던 설교였는데 아이들이 집중하면서 들었고, 심지어 은혜도 받는 것이 아닌가? 도저히 믿을 수 없는 일이 일어났다.

그러다 아이들이 점차 늘게 되었다. 처음에 학생 2명으로 시작한 청소년부서가 30명에 도달했다. 이민 교회는 차량이 없으면 학생들이 교회에 전혀 올 수가 없기에 친구끼리의 전도는 거의 불가능했다. 그런데도 아이들이 계속 새로 교회에 왔다. 장년 출석이 70명 정도인 교회에 청소년은 30명이었으니 정말 많이 모인 것이다.

아이들은 스스로 교회에 대한 주인의식이 생기기 시작했다. 절기 때 어른들과 함께 예배를 드리면, 찬양 인도를 하고 드라마 공연을 준비했다. 수련회 준비 기금 마련을 위해 자발적으로 전 교인의 차량을 다 세차하기도 했다. 학생들은 영적으로 수적으로 모든 면에서 계속 성장했다.

다시 헌신하는 졸업 예배

학생들의 믿음 성장을 확인할 수 있었던 최고의 자리는 졸업 예배였다. 우리는 고등학생 졸업 예배를 특별하게 기획했는데 이것은 미국 문화와 맞아떨어지는 부분이 있다. 미국의 경우 초등학교와 중학교도 졸업은 있지만 대대적인 세리머니를 하는 것은 고등학교 때가 유일하다. 12학년 모든 과정을 끝냈기에 종합대학교 체육관을 빌려서 성대하게 졸업식을 진행하는 것이 보통이고, 이때는 친척들도 함께 모여 축하를 한다.

교회에서 졸업 예배를 드릴 때도 이 콘셉트에 맞추어 준비했다. 학생들은 이제 교회의 주일학교 과정을 수료하면 성인 교인이 된다. 그래서 우리는 특별한 예배를 준비했고 그 하이라이트는 졸업생들의 간증 시간이었다. 그중에서 유독 피터의 간증문이 기억에 남는다.

"저는 모태 신앙으로 어렸을 때부터 교회에서 자랐지만,

실제로는 믿음이 없었습니다.
하지만 매일 기도 훈련, 말씀 훈련을 하면서
제게 믿음이 생겼습니다. 이제는 확신합니다.
예수님은 나의 구원자이시고 나의 주인이시라는 것을요.
제가 어디에 있든지 예수님이 함께 하시니
걱정할 것이 없어요."

피터가 어렸을 때부터 자라온 모습을 모두 알고 있는 교인들은 감동을 받지 않을 수 없다. '저 코흘리개 아이가 언제 이렇게 커서, 자기 입술로 저런 믿음의 고백을 하지?' 졸업 예배는 늘 울음 속에서 진행이 되었다.

미국 교회의 가장 큰 고민은 고등학교 졸업 이후의 신앙생활이다. 대부분이 부모를 떠나서 멀리 다른 주로 대학에 가기 때문이다. 이제는 부모의 참견과 간섭이 사라지기 때문에, 믿음을 등지는 경우가 꽤 많다.

통계에 따라서 다르긴 하지만, 보통 절반 이상이 교회를 떠나고 많게는 90퍼센트 학생들이 고등학교 졸업 후 교회를 가지 않는다고 한다.[1] 매우 심각한 영적 도전인 셈이다.

그런데 매일 기도와 말씀으로 무장된 우리 교회 졸업생들은 누구도 교회를 떠나지 않았고, 믿음 위에 든든히 서 있었다. 심지어 졸업생들이 교사가 되어서 주일학교를 세워 갔다. 미국 이민 교회는 영어가 유창한 교사를 구하기가 정말 어렵다. 믿음 있고 헌신 된 교사를 찾는 것도 힘든데, 영어까지 능숙한 교사를 찾는 것은 하늘의 별 따기다. 하지만 청소년부 학생들이 졸업한 다음에 모두 교사로 섬기게 되며 어느덧 교회 주일학교에는 영어 잘하는 교사들이 채워지게 되었다.

8년간의 이민 교회 사역이 얼마나 즐거웠는지 모른다. 가장 행복한 것은 믿음으로 나아가면, 언어와 문화를 떠나서 역사가 반드시 나타난다는 경험이었다. 간혹 당시 학생들의 부모와 연락이 될 때가 있다. 늘 하는 이야기가 그때 아이들을 영적으로 잘 지도해 준 데 감사하다고 한다. 지금 20대와 30대가 된 자녀들이 영적으로 잘 서 있는 이유가 그 당시 훈련을 잘 받았기 때문이라고 이야기한다. 믿음으로 승부하면, 어려운 이민 교회의 청소년 사역에도 충분히 역사가 일어난다. 이후 한국에 들어와서 9년간 군산 드림교회에서 청소년 사역을 하였다. 나의 관심사는 온통 '어떻게 하면 청소년들에게 믿음을 심어 줄 수 있을까?'였다. 그래서 수단과 방법을 가리지 않고 오직 믿음으로 승부하기로 결심했다.

예배로
승부하기

청소년 믿음 성장의 가장 기본이 무엇일까? 예배다. 아이들은 예배를 통해서 성장한다. 그러나 청소년 사역을 할 때 가장 큰 딜레마는 사역자 생각대로 되지 않는 예배였다.

예배 시간에 모든 학생이 은혜 충만하면 좋겠는데 그런 학생은 소수다. 예배에 전혀 관심이 없는 학생, 상습적으로 지각하는 학생, 다른 친구 예배를 방해하는 학생 그리고 소수지만 예배에 진심인 학생들이 있다. 아마도 대부분의 한국 교회 중고등부가 이런 조합이라고 생각한다.

수련회 모드로 레벨 업

그래서 예배의 혁신 없이는 청소년 사역의 열매나 부흥을 기대하기 어렵다고 보고, 예배에 모든 것을 쏟기로 결심하였다. 그것이 청소년 부서를 믿음으로 향하게 하는 첫 번째 관문이었다. 그런 가운데 예배의 기준점을 먼저 잡기로 하였다.

아이들이 수련회에 가면 그때는 찬양도 열심히 따라 하고, 설교도 잘 듣고, 기도회에도 잘 참여하는데 평소 주일 예배로 돌아오면 변변치 않은 모습이었다. 그래서 '매 주일 예배를 수련회 예배처럼 만들자'라는 포부로 예배 변화를 시도했다.

청소년 예배에서 가장 중요한 부분은 찬양과 설교이기 때문에 이 두 부분에 집중 변화를 주었다. 가장 먼저 시작한 일은 찬양팀을 청소년부의 특공대로 만드는 것이다. 이 아이들을 더 높은 수준의 예배자로 만들도록 목표를 삼았다. 다행히도 교회에 믿음이 좋은 청년 교사들이 있었다. 교사들은 토요일마다 찬양팀 아이들을 양육하면서 온전한 예배자로 만들기에 힘썼다. 그렇게 정예부대가 약 40명 정도 구성되었다.

다음으로는 예배의 형식, 조명, 영상을 모두 수련회 모드로 '레벨 업'을 시켰다. 청소년 예배의 생명은 역동성인데, 그 역동성을 최대한 올리기 위해 워십 율동팀을 만들어서 함께 뛰면서 찬양하게 하였다. 몇 년 만에 예배의 분위기가 완전히 바뀌어 매주 수련회 같은 예배가 만들어졌다. 일반 교회에서 찾아볼 수 없는 다이내믹하고 뜨거운 예배가 시작되었다. 교회에 처음 온 학생들은 문화 충격을 받았다. 우리 주일 예배를 보기 위해서 탐방 온 다른 교회들의 충격은 더욱더 컸다.

'청소년들이 이렇게까지 예배를 드릴 수 있구나!'

예배를 준비하는 기도회

청소년 예배의 생명은 영성에 있다. 그래서 분위기 만들기만 따라 하면 실패하기 십상이다. 우리는 주일 한 번의 예배를 위해서 네 번의 기도회를 만들었다. 토요일 저녁은 여러 사역팀이 모여 예배를 준비하는데, 늘 마지막 시간은 기도회로 마쳤다. 강렬한 기도 없이 강렬한 예배는 만들어지지 않는다. 예배를 준비하는 학생들은 주일 예배 2시간 전에 교회에 왔다. 그들의 모임 시작은 늘 기도회였다. 예배 1시간을 남겨두고는, 예배를 준비하는 약 100명의 학생들과 함께 강대상에서 기도하였다. 그날 예배에 대한 승부수를 띄우는 시간이었다. 우리의 기도는 여기서 멈추지 않았다. 청소년 예배를 위한 중보기도팀을 따로 운영했다. 이 팀에 속한 학생들은 예배를 위해서 수시로 기도하는데, 중보기도팀이 중심이 되어서 예배가 끝난 후에도 기도회를 했다.

가끔은 학생들을 산에 데려가서 기도시켰다. 요즘 아이들은 산기도가 무엇인지 모른다. 하지만 그냥 모르는 채로 데려갔다. 산

꼭대기까지 올라가서 5미터 간격으로 아이들을 배치하고 기도하게 했다. 그러면서 영적으로 부쩍 성장하는 것을 느꼈다.

설교로 승부하기

청소년 사역자가 가장 집중해야 할 부분은 설교다. 이 한 번의 설교를 위해 일주일 내내 준비해야 한다. 청소년 설교는 주말에 몰아서 하는 작업이어서는 절대 안 된다. 또한 청소년 설교는 신학교에서 배운 FM대로 준비해도 실패할 확률이 높다. 이 설교에는 최대 변수, 청소년이라는 특별한 청중이 있기 때문이다.

청소년이라는 특별한 청중

청소년들에게 영적 영양분을 고루 공급하기 위해서 1년에 두 차례, 신약과 구약 강해 설교를 하였다. 연초가 되면 신앙 기초에 대한 주제 설교를 하고, 여름이면 특별 시리즈로 이성 교제에 대한 설교를 하였다. 강해 설교든 주제 설교든 청소년이라는 대상을 고려하지 않으면, 청소년 설교는 실패로 끝날 확률이 높다.

젊을 때는 청소년 눈높이에 맞추는 설교가 어렵지 않았으나, 40대가 넘어가면서부터는 확실히 청소년 문화 코드 따라가는 데 한계를 느꼈다. 그런데 설교가 막힐 때마다 새벽에 기도하면 하나님이 기가 막힌 설교 소스를 공급해 주셨다.

청중은 청소년이었지만, 늘 성경 중심의 설교를 준비하여 영적인 수준을 올렸다. 그러면서 동시에 청소년의 삶과 연결된 설교를 하였다.

청소년 사역의 전설 짐 레이번(Jim Rayburn)의 "학생들을 지루하게 만드는 것은 죄"라는 말에 전적으로 공감한다. 존 파이퍼도 따분한 설교를 경계했다.[2]

왜 청소년에게 따분하게 설교하면 안 되는가? 그것은 말씀이 들어가는 길을 차단하는 행위이기 때문이다. 믿음은 들음에서 난다(롬 10:17). 설교자는 반드시 청중이 말씀을 듣게 만들어야 한다. 청소년 사역자는 모든 준비를 다하여 청중이 말씀 시간에 열광하게 해야 한다. 청소년들이 찬양 시간은 좋아하지만 설교 시간은 싫어한다면, 그것은 오롯이 사역자의 잘못이다.

설교에 온 힘을 다했더니 학생들 안에 놀라운 영적인 변화가 일어났다. 실제로 이런 일도 있었다. 어느 성도의 가정에 늘 교회에 지각하던 아이가 갑자기 교회에 일찍 가는 것이다. 그래서 엄마가 "오늘 왜 이리 교회 일찍 가니?"라고 물었더니 딸의 대답은 이랬다고 한다. "엄마, 설교 말씀을 놓치면 안 돼."

강력한 찬양, 아이들 눈높이에 맞는 설교 그리고 뜨거운 기도가 있으면 예배는 성공할 수밖에 없다. 이러한 아이들의 믿음은 무조건 성장한다. 매주 뜨겁게 찬양하고 말씀에 집중하고, 들은 말씀을 가지고 함께 기도하는데 청소년들의 영적인 향상이 확연하게 눈에 보였다. 지각하는 아이들이 줄어들고 서로 앞자리에 앉기 위해 부지런히 오기 시작했다. 외부인들이 우리 예배의 모습을 보면서, 늘 이런 이야기를 하였다.

"목사님, 이것은 그냥 주일 예배가 아니라 여름 연합 수련회 같은 모습이네요."

그렇다. 처음에 의도한 대로 매주 수련회와 같은 예배가 되기를 소망했고 그대로 이루어진 것이다. 학생들이 영적으로 성장하니 예배를 드리는 숫자도 꾸준히 늘어갔다. 평균 매년 50명의 아이들이 늘어났다. 종교를 떠나서 도시 전체에 우리 청소년부 예배를 모르는 학생들이 없을 정도가 되었다.

제자 훈련과 루틴으로
승부하기

간혹 부모들 가운데, 자녀의 믿음이 성장하는 것을 너무나도 쉽게 생각하는 경향이 있다. 그러다가 교회에 잘 다니던 자녀가 어느 순간 교회 가지 않겠다고 하면 충격을 받는다. 자녀들의 믿음 성장은 저절로 이루어지지 않는다. 믿음은 투자한 만큼 열매를 맺는다. 성경은 분명히 말한다.

눈물을 흘리며 씨를 뿌리는 자는

기쁨으로 거두리로다 (시 126:5)

그런데 부모들은 신앙에 투자를 잘하지 않는다. 특히 3040 부모는 자녀들에게 무엇을 어떻게 가르쳐야 할지도 전혀 모르고 있고, 투자도 하지 않고 있다.[3]

아이들이 영어와 수학을 잘하길 원한다면, 학원에 가서 매일 공부하게 할 것이다. 일주일에 1시간 투자가 아닌, 그 이상의 투자도 아끼지 않을 것이다. 그런데 신앙에 대한 투자는 매우 빈약

하다. 교회에서 알아서 다 해줄 것으로 착각한다. 죄송한 말씀이지만, 교회에서 당신의 자녀들을 영적으로 온전히 성장시키기란 매우 어렵다. 신앙 역시 투자가 있어야 성장이 있다. 투자한 만큼 열매가 생기는 법이다.

청소년 사역을 할 때 가장 중요하게 여긴 것은 제자 훈련이었다. 이것은 이미 이민 교회에서 경험을 해봤기에 훨씬 수월하게 진행하였다. 처음에는 자유롭게 지원자를 모집했더니, 50명의 학생이 모였다.

그래서 토요일마다 아이들에게 신앙의 기본기를 가르쳤다. 매일 성경 4장 읽기, 매일 큐티 하기, 매일 암송하기, 매일 20분 기도하기를 훈련했는데 놀랍게도 50명 중 40명이 잘 따라왔다. 시간이 지날수록 부모들에게도 좋은 소문이 나면서 제자 훈련 인원이 늘어났다.

100명으로, 150명으로, 200명으로 인원이 너무 많아졌고 클래스만 스무 반 정도로 나누어 운영해야 해서 제자 훈련 전담 교사를 세우게 되었다. 그래서 아이들을 모아 놓고 토요일 오전·오후·저녁, 주일 새벽·오후 등 여러 시간대에 제자 훈련을 하였다. 주말이면 교회는 청소년들로 북적였다.

청소년 제자 훈련

청소년 제자 훈련에 목숨을 걸었던 두 가지 이유가 있었다.

첫째는 '믿음이 좋아 보이던 학생들 중에서 왜 교회를 떠나는 아이들이 생길까?' 이 질문에 대한 답이 제자 훈련에 있었기 때문이다.

간혹 청소년부 회장을 하던 학생이 교회를 떠나고, 찬양팀에서 열심히 봉사하던 청소년이 교회를 떠나는 모습을 보면, 된통 이해가 되지 않았다. 졸업하고 약 10년이 지난 후, 30대가 되어서도 믿음 생활을 잘하는 청소년과 그렇지 않은 청소년을 비교해 보았더니 이런 결과가 나왔다.

중고등학생 때 부모의 믿음이 아닌, 자기 믿음에 대한 확고함이 생긴 청소년들은 교회를 거의 떠나지 않았다. 청소년기 시절에 신앙의 루틴이 만들어진 청소년들은 대부분 교회에 남아 있었다. 그냥 주일 예배를 드리는 정도가 아닌, 매일 '기도와 말씀'이라는 영적 루틴이 있는 아이들은 교회를 떠나지 않았다.

그간 청소년 사역을 하면서 청소년들의 신앙 수준을 다음 페이지의 도표와 같이 분류해 보았다. 맨 아래 방황인은 한때 교회에 나오다가 지금 나오지 않는 청소년들이다. 외부인은 교회에 출석은 하지만, 전혀 교회에 관심이 없는 아웃사이더이다. 관심인은 교회에서 하는 재미있는 프로그램에만 관심을 두며 믿음은 없는 청소년들이다. 신앙인은 예수님을 나의 구주로 고백한 신앙 고백 경험이 있는 청소년들이다. 헌신인은 주말에도 교회에 와서 찬양팀이나 임원 등으로 열심히 봉사하는 청소년들이다. 경건인은 영적인 루틴이 만들어져서 누가 시키지 않아도 매일 기도와 말씀으로 살아가는 청소년들이다. 사역인은 어린 나이지만 자신의 인생을 주님께 바친 청소년들이다. 이들은 목회자나 선교사나 전문인 사역자 같은 모습으로 살기로 한 청소년들이다.

청소년들 가운데 경건인 이상의 아이들은 성인이 되어도 교회를 거의 떠나지 않았다. 결국 믿음의 차이라는 이야기다. 성인이 되기 전에 결코 흔들리지 않는 믿음이 만들어지면, 아이들은 교회를 떠나지 않는다.

| 신앙의 수준(Levels of Faith) |

둘째는 청소년들이 고등학교를 졸업하기 전에 자기 신앙에 대한 확신을 만들어 주고 싶었다. 고등학교를 졸업하면 아이들의 환경이 많이 바뀐다. 지방에 사는 학생들은 대학에 진학하며 다른 도시로 가는 경우가 많다. 이 아이들이 어느 도시에 살더라도, 그곳에 홀로 있더라도 믿음을 잃지 않고 살게 만드는 것이 바로 제자 훈련이다. 이 부분은 그간 임상을 통해서 확인되었다.

청소년들에게 믿음의 확신을 심어 주는 동시에 영적 루틴을 만들어 주었다. 가장 많이 강조했던 것은 하루의 시작을 반드시 기도와 말씀으로 여는 것이었다. 그리고 무엇과도 바꿀 수 없는 믿음이 있다는 것을 세상 속에서 담대히 알리도록 했다.

세상이 감당치 못하는 믿음

제자 훈련에 동참한 학생들은 학교에 도착하자마자 큐티로 하루를 시작하기로 했다. 이것은 보통 어려운 일이 아니다. 청소년은 자기 신앙을 드러내는 것을 매우 힘들어하기 때문이다.

대부분의 청소년은 이른바 '이순신 장군 스타일'의 믿음을 가지고 있다. "내가 교회 다니는 것을 아무에게도 알리지 말라!"

교회 다닌다는 것이 알려지면 교실에서 친구들에게 여러 가지

비아냥거림을 받을 수 있고 행동에도 제약이 생길 수 있다. 청소년 시기는 또래들과 비슷하게 살고자 하는 마음이 크다. 그래서 청소년 중에 담대히 자신의 믿음을 드러내는 경우는 별로 없다.

그런 와중에 학교에 도착하자마자 큐티를 한다는 것은 거의 순교자적 신앙을 나타내는 것이다. 처음에는 주저주저했는데 시간이 지나면서 교실에서 큐티하는 청소년들이 늘어났다. 재미난 현상은 타 교회 다니는 학생들이 그 모습을 보면서 일종의 부러움과 도전 의식이 생겨 교실 안에서 함께 큐티하는 친구들이 생겨났다.

자연스럽게 학교에 큐티 모임이 만들어지기 시작했다. 주일날 교회에 오면 어느 학교, 어느 교실에 큐티 모임이 만들어졌다는 소식이 알려졌고 경쟁적으로 다른 학교와 다른 교실로 퍼져갔다. 고등학생들이 먼저 시작한 학교 큐티 모임이 중학교로 이어졌고, 심지어 초등학생 중에서도 학교에서 큐티 모임을 하는 아이들이 생겨났다.

청소년들이 주중에 영적인 루틴을 가지고 살아가니, 주일 예배에 임하는 태도가 달라졌다. 일주일간 주일 예배 한 번을 사모하면서 살아가는 청소년들이 생겨났다. 제자 훈련으로 영적 루틴이 잡힌 청소년과 함께 드리는 예배는 더욱더 뜨거워졌다.

제자 훈련을 통해서 청소년들의 믿음은 폭발적으로 성장하였는데 그 하이라이트는 수련회 때였다. 보통 저녁 집회를 6시간 가까이 진행하는데, 앞자리에 앉기 위한 적극적인 태도가 생겼다. 심지어는 저녁 식사를 하지 않고, 문 앞에서 대기를 하는 아이들이 있었다. 말 그대로 '예수에 미친 세대'가 만들어진 것이다.

그렇게 열심 당원 아이들은 예배 시작 전에 줄만 서지 않았다. 줄을 서서 기다리는 채로 통성으로 기도하는 것 아닌가? 적게는 100여 명, 많게는 200명의 청소년이 예배당 입구에서 통성으로 기도하는 모습은 장관 중 장관이었다. 강사 목사님도 이 모습을 보고 놀라움을 금치 못했다.

이것이 바로 히브리서 11장 38절 "이런 사람은 세상이 감당하지 못하느니라"의 모습이 아닐까. 수련회 예배 전에 이 정도라면 예배 때 어떠한 일이 발생하는지는 상상에 맡기겠다! 집회 때 얼마나 열심히 찬양하고 기도했는지 예배가 끝나면 다들 곯아떨어지기 일쑤였다. 청소년 세대에 영적인 훈련이 들어가면, 이들의 믿음은 무한대로 올라간다.

교사로
승부하기

연말이 되면 큰 교회나 작은 교회나 비슷한 어려움에 직면한다. 바로 교사 부족이다. 하지만 예나 지금이나 내가 타협하지 않는 것은 교사는 절대로 아무나 세우지 않는 것이다. 교사는 영혼을 돌보는 사역을 하기 때문이다. 교사에 대한 기준점이 높기에, 매번 교사를 뽑는 일이 정말 힘들었다.

교사가 정말 많이 부족한 해가 있었다. 아무리 노력해도 채워지지 않았고, 연말이 되자 걱정과 근심만 가득 찼다. 이때 교사 충원을 놓고 기도하는데, 의외의 응답을 받았다. 바로 제자 훈련시킨 학생들을 교사로 세우라는 것이었다. 이제 갓 스무 살을 앞둔 학생들이어서 교사로 섬기기에는 너무 어려 보였다. 하지만 대안이 없었기에, 대상자를 선정하고 인터뷰를 진행하였다.

나: 성경은 몇 독 했습니까?
학생: 7독 했습니다.
나: 암송은 몇 구절이나 했습니까?

학생: 300구절 이상 암송했습니다.

나: 기도 생활은 어떻게 하고 있습니까?

학생: 매일 최소 30분씩은 하고 있습니다.

제자 훈련을 매우 성실하게 받아 영적 루틴이 잘 형성이 된 학생들만 선정하여 중학교 1학년 담임 교사로 임명했다. 상당히 큰 모험이었다. 그리고 2주 동안 교사의 역할, 반 관리법, 성경 공부 인도법, 부모에게 연락하는 법 등 기본적인 교육을 실시했다.

첫 주가 되자 놀라운 광경이 펼쳐졌다. 스무 살 젊은 교사들 가운데 홀로 교회에 오는 교사가 1명도 없었다. 교회 앞에서 아니면 근처에서, 피켓을 만들어 자기 반 아이들을 모아 데려오지 않는가? 소년부에서 올려보낸 학생들은 80여 명이었는데 그 주에는 100명 가까운 중학교 1학년이 출석하는 것 아닌가? 중학교로 올라오면서 오히려 출석률이 좋아지는 기이한 현상이 발생하였으며, 이제 갓 청소년부에 올라온 학생들은 기대와 설렘 속에서 예배에 참석했다.

스무 살 새내기 교사들은 1년 내내 교사직을 잘 수행하는 모습을 보여 주었다. 이로써 교사 선발은 나이의 문제가 아닌, 믿음의 문제라는 것을 확신했다.

간혹 어떤 교회에서 어린 청년들을 교사로 임명하지 않는 모습을 볼 때 안타까움이 든다. 교사는 믿음만 있으면 누구나 섬길 수 있다.

그 이후로는 제자 훈련 잘 받은 학생들을 계속 교사로 세웠다. 물론 청년부 올라가서 청년부에만 헌신하고 싶으면 청년부 사역만 하도록 했다. 나중에 우리 부서 90명의 교사 가운데, 50퍼센트인 45명이 대학생이었다. 전부 다 청소년 제자 훈련 출신 교사들이었다.

청소년 부서 교사들의 연령대가 젊으면, 역동성을 극대화할 수 있다. 예배, 모임, 수련회 등 모든 프로그램에 '텐션'이 다르다. 청소년 사역에 엄청난 장점을 가지게 되는 것이다.

롤 모델이 되는 교사

여기서 핵심은 대학생 교사들의 헌신도가 상상을 초월했다는 점이다. 이 지역은 대학교가 거의 없기 때문에, 청년 대부분이 수도권이나 대도시 대학교에 진학한다. 그러나 이들은 교사로 섬기기 위해서 주말이면 모두 다 고향에 내려왔다.

시간이 날 때만 잠깐 오는 것이 아니라, 매주 한 주도 빠지지 않고 대학 4년 내내 내려왔다. 심지어 대학을 부산으로 간 형제는 매주 부산에서 군산까지 다녀갔다. 왕복 12시간을 대중교통으로.

이 모습은 교회 어른들에게도 엄청난 반향을 일으켰다.

"믿음 생활은 저렇게 하는 거네요!"

"객지에 나가면 교회에 안 다니는 아이들도 많은데, 매주 와서 봉사까지 하는 모습을 보니 정말 든든합니다."

이런 소리가 곳곳에서 들렸다.

가장 중요한 것은 매주 주말에 고향 교회에 내려와 섬기는 청년 교사들의 모습이 후배 청소년들에게 강력하게 각인되었다는 점이다. 교회 청소년들은 선배들의 모습을 보면서 도전을 받았다.

"쌤, 저도 고등학교 졸업하고 교사할래요!"

"저도 청년부 올라가면 교사로 섬기고 싶어요!"

이러한 영적인 도전이 많은 청소년에게 생겼고 실제로 교사의 꿈을 이룬 학생도 많았다.

이것이 먼 나라, 다른 나라 이야기처럼 들리는가? 아니면 1980년대나 1990년대의 먼 과거 이야기로 들리는가? 불과 몇 년 전 사역 현장에서 있었던 일이다. 우리 아이들의 믿음에 투자하면, 그 믿음은 무한대로 올라간다.

청소년들의 믿음에 투자하면 어떠한 교회든 부흥하리라 확신한다. 성경은 분명히 말한다.

겨자씨 한 알과 같으니
땅에 심길 때에는 땅 위의 모든 씨보다 작은 것이로되
심긴 후에는 자라서 모든 풀보다 커지며 큰 가지를 내나니
공중의 새들이 그 그늘에 깃들일 만큼 되느니라 (막 4:31-32)

학교 현장에서 승부하기

나에게는 꿈이 있다. 바로 청소년 부흥이다. 그리고 그 부흥의 모습을 교회가 아닌, 학생들이 살아가는 학교 현장에서 보고 싶었다. 청소년 사역 시절, 매일 점심마다 학교 심방을 하였다.

하루는 교회에 인접한 한 중학교에 갔다. 약속 시간이 되어 시청각실에 들어갔는데, 눈으로 보고도 믿을 수 없는 현장이 펼쳐졌다.

어림잡아도 400명은 되어 보이는 중학생이 시청각실에 빼곡히 모였는데, 자리가 부족해 복도까지 가득 들어선 게 아닌가? 학교 심방을 가면 때로는 학교끼리 경쟁이 되어서 아이들이 유독 많이 모이는 학교들이 있긴 한데, 이것은 많아도 너무나도 많은 숫자였다.

그날 심방이 끝난 다음, 학교에서 매일 기도하는 학교 대표들에게 물어봤다.

"너희들 무슨 일 있었니? 어떻게 이렇게 많은 친구가 모였어?"

아이들은 아무런 말이 없었다. 중학교 3학년 대표 학생이 드디어 말문을 열었다.

"목사님, 다른 것은 모르겠어요. 저희 그냥 금식하면서 기도했어요. 한 학기에 한 번, 목사님이 오시는 이 날이 너무나도 중요한 시간이라서 친구들 1명이라도 더 전도하려고요. 점심시간에 급식을 먹지 않고, 저희끼리 금식하면서 기도했어요."

이 말을 듣는 순간 눈물이 핑 돌았다. 중학생이 금식 기도라니? 그것도 학교 점심시간에. 절로 눈물의 기도가 나왔다.

"하나님, 여기에 바알에게 무릎 꿇지 않은 청소년들이 있습니다. 세상과 구별되며 한 영혼이라도 구원하려고 힘쓰는 청소년들이 있습니다. 이들을 축복하시고 이들을 사용하여 주소서!"

그러나 내가 이스라엘 가운데에 칠천 명을 남기리니
다 바알에게 무릎을 꿇지 아니하고
다 바알에게 입맞추지 아니한 자니라 (왕상 19:18)

"무엇이 청소년 부흥인가?"
누가 나에게 묻는다면, 나는 이렇게 말할 것이다.
"셀 수 없이 많은 청소년이 주일날 예배당에 모여 있는 것이 부흥이 아닙니다. 비록 숫자는 적더라도 그 교회에 예수님께 미쳐 있는 청소년이 있다면 그것이 부흥입니다."

청소년 사역을 하는 내내 그들의 믿음에 초점을 맞추었다. 아이들이 예수에 미쳐 있기를 소망했다. 이것은 단지 교회 예배나 제자 훈련 시간에만 국한되는 것이 아니었다. 청소년들이 살아가는 일상의 삶 속에서 예수 그리스도가 나타나길 소망했다. 그래서 학생들이 가장 많은 시간을 보내는 학교에서 그들이 예수 그리스도의 제자로 살기를 바랐다.
이 마음을 품고 기도한 청소년 부흥의 꿈이 학교에서 이뤄졌다. 고등학교에서 시작된 기도회가 중학교까지 내려왔고 도시 전체를 휩쓸었다.

설교할 때마다 이렇게 부르짖었다.

"대한민국의 청소년 문제 해결은 정부와 교육기관에서 하는 것이 아니라 청소년 스스로가 하는 것입니다. 입시 과열, 학교 폭력, 청소년 자살, 청소년 성범죄, 일탈은 우리 청소년 스스로가 해결해야 합니다. 그래서 여러분이 기도해야 합니다. 어디에서? 바로 여러분이 있는 그곳에서! 여러분이 간절히 학교에서 기도한다면 최소 여러분 학교 안에 일어나는 악한 일은 사라질 것입니다. 우리, 학교에서 기도합시다!"

환경을 뛰어넘는 학교 기도 운동

미국에서 유학하며 〈청소년 부흥의 역사〉 수업을 수강한 적이 있다. 유럽과 미국의 영적 대 각성 운동이 일어날 때, 그 중심에는 늘 십대 청소년이 있었다. 1700년대 잠자는 독일 교회를 깨운 이들은 목회자나 신학자들이 아니다. 열일곱 살의 니콜라스 진젠도르프와 그의 친구들이었다. 학교에서 비밀리 진행되던 십대들의 기도 모임이 한 나라를 변화시켰다. 오죽하면 조나단 에드워즈 목사는 "이 땅의 영적 부흥을 위해서 청소년과 같은 젊은 세대가 필요하다"고 말했을까?

그래서 수련회를 기점으로 각 학교마다 기도 모임을 만들고, 학교에서 기도하기를 선포했다. 가장 먼저 반응한 학교는 회장이 다니는 고등학교였다. 학생 대부분이 기숙사 생활을 하는 그 학교의 음악실에서 매일 저녁 10시에 기도회를 하였다. 5층 한구석에서 들리는 절규에 가까운 기도 소리는 학교 전체를 흔들었다. 학생들의 우렁찬 기도 소리를 듣는데, 곧 학교 안에 방해 세력이 생길 것 같은 불길한 예감이 들었다. 학생들은 매일 30분씩 시간 아까운 줄 모르고 간절히 기도했다. 하지만 학교의 교감 선생님은 이 기도회를 탐탁하게 여기지 않았다. 공부해야 할 시간에 다른 활동을 하는 모습이 마음에 들지 않아 틈만 나면 학생들의 기도 모임을 흩으려 했다.

그런데 하나님이 먼저 일하셨다. 갑자기 교감 인사 발령이 일어나게 되었다. 학기 중에 교감 인사 발령은 그 학교에서는 없던 일이다. 그러고나서 새로운 교감 선생님이 오셨는데, 교회 집사님이셨다. 이 일 이후로 기도 모임은 더 뜨거워졌다. 누구도 학교 기도 모임을 막을 수 없다는 확신으로 아이들은 밤마다 더 뜨겁게 기도했다.

당시 아이들의 기도 제목을 보면 "명문대 가게 해주세요! 시험 점수가 오르게 해주세요! 인생에서 성공하게 해주세요!" 이런 기도 제목은 전혀 없었다. 철저히 마태복음 6장 33절을 기초로 한 기도 모임이었다.

그런즉 너희는 먼저 그의 나라와 그의 의를 구하라
그리하면 이 모든 것을 너희에게 더하시리라 (마 6:33)

학생들은 이렇게 기도했다. "하나님, 우리 학교가 하나님의 나라가 되게 하여 주세요. 우리 학교 안에 이기심과 탐심과 음란과 욕설과 같은 모든 것이 떠나가게 해주세요. 이사장님, 교장선생님과 모든 교직원에게 하나님의 은혜를 내려 주세요. 아직 예수님을 알지 못하는 학생들에게 복음이 들어가게 해주세요. 학교에서 빛과 소금의 역할을 감당하게 해주세요." 인생의 성공을 바라는 인간적이고 기복적인 기도 대신 하나님 뜻에 합당한 기도를 드렸다.

그해, 학교는 대학 입시에서 높은 진학률을 보였다. 학교 설립 이후로 가장 진학률이 좋아 대통령상까지 받았다. 밤마다 기도하던 학생 대부분이 명문 대학으로 진학하였다.

기도의 방향이 대학 입시가 아니고 인생 성공이 아닌 하나님 나라와 의에 초점을 맞췄을 때, 하나님이 입시 성적을 보너스 선물로 주신 것이라 믿는다. 그리고 기도 모임은 이후 후배에게까지 이어져 더욱 성장하는 것을 경험했다.

이러한 학교 기도 운동은 학생들의 믿음의 상징이고 표식이다. 이 시대 크리스천 청소년의 믿음을 보면 나약하기 그지없다. 교회를 다녀도 조용히 다니고 친구들에게 일절 교회 이야기를 하지 않는다. 대부분의 크리스천 청소년이 학교에서 믿지 않는 아이들과 동일한 라이프 스타일을 가지고 살아간다. 똑같이 욕설하고 똑같이 이기적이고 똑같이 음란하다. 하지만 학교에서 기도하는 아이들은 결코 세상 친구들과 똑같이 살 수 없었다. 기도하면서 언행부터 바꿔갔다. 아이들은 영적으로 변화된 자신들의 모습에 자부심을 갖게 되었다. 어떤 학생은 학교에서 친구들이 대놓고 야동을 보는데, 홀로 끝까지 보지 않았고 소리조차 듣지 않으려 귀를 막았다고 했다. 따돌림으로 힘들어하는 친구가 있으면, 먼저 손을 내밀고 도우면서 앞장서는 아이들도 생겨났다.

도시 안에 일어난 기도 모임은 모든 고등학교로 번졌다. 학교에서 기도할 공간이 없는 학생들은 점심시간에 벤치에서 기도하였다. 심지어 어떤 학교는 교사들이 기도 모임을 반대해, 학생들은 교사들이 출근하기 전 매우 이른 시간에 교실에서 모여 기도하기도 하였다.

기도 모임은 중학교로 흘러갔다. 중학교는 고등학교보다 교사들의 제제가 심한 편이다. 하지만 학생들은 아랑곳하지 않고 기도하였다. 한 중학교 아이들은 점심시간에 기도하고 싶은데 장소 허락을 맡지 못해, 아무도 사용하지 않는 폐탁구장에서 모임을 하기도 하였다. 가서 보니 아이들은 먼지투성이 장소에서 점심시간에 모여서 기도하고 있었다.

어느 학교나 다 비슷한 모습의 기도 모임이었다. 학교 교사나 교회 교사가 먼저 나서지 않았고, 학생들이 자발적으로 진행하는 모임이었다. 그들의 기도 제목도 비슷하였다. '세속화된 학교와 공교육의 변화, 탐욕과 죄악 속에 있는 청소년들의 변화, 믿지 않는 영혼을 위한 복음의 확산, 하나님의 인도하심과 역사하심'이 주가 되었다.

믿음이 있는 학생들은 매일 점심시간에 함께 모여서 기도하였고, 결국 우리 도시의 모든 중고등학교에 기도 모임이 만들어졌다. 심지어는 초등학생들이 도전을 받아, 초등학교에서도 기도 모임이 생겨났다.

각 학교에서 매일 기도하는 용사들이 주일에는 교회에 모이니, 예배가 뜨겁지 않을 수 없었다. 한번은 주일에 엄청난 폭설이 내려서, 모든 대중교통 운행이 중단된 적이 있었다. 지방은 서울처럼 제설이 신속하지 않다. 이날도 폭설로 학생들의 3분의 2가 교회 출석을 하지 못했다. 하지만 학교에서 기도하는 기도의 용사들은 거의 다 참석하였다. 이런 것을 '믿음의 클래스'가 다르다고 해야 할까? 이날 여전히 눈보라가 몰아치는데, 학생들과 함께 교회 입구 제설을 끝내고 눈을 맞으며 기도한 적이 있다.

"하나님, 여기에 믿음의 학생들이 있습니다. 눈보라가 몰아쳐도 예배를 포기할 수 없는 학생들이 있습니다. 이들을 통해서 한국 교회를 다시 일으켜 주소서!"

학생들에게 믿음이 들어가면 그 믿음은 환경을 뛰어넘는다. 학교에서 장소 허가를 해주지 않더라도 학생들은 기도하는 것을 포기하지 않았다. 운동장에서 또 벤치에서 아이들은 어떻게 해서든지 모여 기도했다. 모든 중학교와 고등학교마다 점심시간이면 기도의 소리가 울려 퍼졌다. 이 모습이 부흥이 아니면 무엇이 부흥이겠는가?

일진 친구들의 변화

하나님이 일하시는 믿음의 역사는 한계를 초월한다. 청소년 사역에서 가장 드라마틱한 모습은 단언 소위 '노는 친구'라 불리는 일진들의 변화라고 할 수 있다. 이들은 보통, 학교에서 무리를 지어 다니면서 사회적 신체적 위력을 과시하는 비행 청소년들을 지칭한다. 안타까운 점은 미디어에서 이들의 모습을 너무 부정적으로 과장하고 있다는 점이다. 실제로 이 친구들을 만나면, 다른 아이들과 큰 차이가 없다. 조금만 사랑을 주고 챙기고 돌봐주면 교회로 금방 인도할 수 있는 청소년들이다. 그리고 이들에게 믿음이 들어가면, 다른 아이들보다 더 빠르게 영적으로 성장하는 것을 보았다.

이른바 '일진 사역'은 이렇게 시작이 되었다. 매일 학교를 방문하다 보니, 학교의 터줏대감인 일진 친구들과도 쉽게 접촉점이 생겼다. 이들과 친해지기란 쉽다. 친근감 있게 대해 주고, 먹을 것 사 주고, 관심을 가져 주면 되었다. 이 일들이 반복되니 아이들이 내 진심을 알게 되었다. 이 친구들이 갖는 특징이 있는데, 의리다. 이들은 한 번 약속하면 꼭 지키려고 노력한다. 함께 치킨을 먹고는 교회 오기로 약속하면, 대부분 교회에 빠지지 않고 잘 왔다.

물론 처음부터 "내가 너희들 치킨 사 주니까 교회 와야 한다." 이렇게 접근하면 안 된다. 순수하게 잘해 주면, 자연스럽게 자기들끼리 교회 이야기를 한다. 그러다 보면 꼭 "저희, 교회 가도 돼요?" 이런 질문을 하면서 분위기를 먼저 만드는 학생이 생긴다. 그때 마지못한(?) 척 "그래, 와도 돼"라고 이야기해 주면 대부분 교회로 온다. 이미 관계성이 형성된 상태니, 교회에 오기란 쉬운 일이다.

이들은 늘 시간은 많고 놀거리가 없다. 그래서 이 아이들을 데리고 풋살 모임을 만들었다. 목요일 저녁마다 함께 모여 공을 차는데, 4명으로 시작을 한 모임이 금방 20명이 넘어섰으며 이 모임은 '부흥 성장'을 하게 되었다. 풋살 모임의 대표인 학생이 있었는데, 모 중학교의 소위 말하는 일짱이었다. 이 친구가 목요일마다 '은혜'를 받더니, 자기 친구들 20명을 전도해 왔다. 청소년 사역을 그렇게 오래 했지만, 한 학생이 20명을 전도한 것은 처음이었다.

또 다른 풋살 모임 멤버인 중학교 1학년 학생은 한 주에 친구 12명을 전도해 왔다. 일진들은 홀로 다니지 않는다. 이들 주변에는 친구가 많다. 이들이 한번 은혜와 도전을 받으면 전도는 무척 쉬운 일이 된다. 그래서 나는 심심찮게 외쳤다. "이 땅의 부흥과 회복은 일진부터 시작되리!" 청소년 사역에 부흥이 없는 큰 이유 중 하나는, 이 친구들 공략을 못 하고 있기 때문이라는 생각이 들 정도다.

여름 수련회 때가 되면 청소년 사역자들은 스트레스를 받는다. 그 이유는 수련회에 참석하지 않으려고 하는 아이들 때문이다. 특히 교회 중직자 자녀가 수련회에 참석하지 않으면, 꼭 그 책임이 담당 사역자에게 가는 것처럼 느껴진다. 그런데 일진 친구들은 수련회 참석률이 매우 높다. 우선, 시간이 많고 사람이 많은 분위기를 좋아하고 방학 때 딱히 할 일이 없기 때문이다.

하나님은 그렇게 변화되지 않을 것처럼 느껴지던 아이들을 만지시는 것을 수차례 경험했다. 이들 가운데 수련회 집회 중에 하나님을 만난 경우도 여러 번 보았다. 때로는 엄청난 은혜를 받고 선교사로 작정한 학생도 있었다. 나아가는 북한 선교를 하겠다는 학생도 생겼다.

한번은 수련회 중에 참가한 중학교 일진 여학생들에게 엄청난 은혜가 임했다. 이 아이들은 그간의 행동을 회개하고 새롭게 살기로 결단했다. 그 증표로 학교에 돌아가자마자 기도회를 조직했다. 이제 한때 일진이었던 학생들이 점심마다 상담실에 모여 기도회를 하는 놀라운 광경이 펼쳐졌다. 한 가지 아쉬운 점은 다른 학생들이 그 기도 모임에 함께하지 못한 점이다. 아마도 예루살렘 믿음의 형제들이 회심한 바울을 여전히 경계했던 것과 비슷한 모습이 아닌가 생각한다. 일진 여학생들의 뜨거운 눈물의 기도회를 잊을 수 없다. 하나님은 누구든지 만질 수 있는 분이시다.

이러한 일진 아이들 중에 마음 밭은 순수한 학생이 참 많다. 그래서 성령께서 그들의 삐딱한 마음을 한 번 만지시면, 큰 역사가 나타나는 경우가 너무나도 많다. 그중 한 친구는 도시 전체에서 유명한 학생이었다. 그 학생의 친구 중, 고등학교를 제대로 졸업한 아이들이 별로 없을 정도다. 그러한 학생이 예수님의 사랑을 경험하고 자기 인생이 얼마나 귀한지를 깨닫고 일진 생활을 과감히 청산했다. 살면서 처음으로 꿈이 생겼고 대학 입시에 도전했다. 그러고는 놀랍게도 자기 꿈대로 법대에 입학해 신앙생활과 대학교 활동을 즐겁게 잘하게 되었다. 그의 중학교와 고등학교 때 모습을 아는 사람들은 누구나 '사람이 이렇게까지 변화될 수 있구나'라고 말한다. 우리 하나님이 어떠한 분이신가? 믿는 자에게 능치 못함이 없게 역사하시는 하나님 아닌가?

도시에 참 많은 일진이 있었고, 나는 이들 모두와 친하게 지냈다. 만날 때마다 내게 90도로 인사를 하는 학생들도 있었다. 지금도 그들 중 여럿과 연락하며 지낸다. "목사님은 우리가 믿을 만한 유일한 어른이에요. 대화가 되는 유일한 어른이시고요. 목사님이 계셔서 지금의 제가 있어요." 실은 내가 한 것이 아니라 하나님이 다 하신 것이다.

입시에서 승부하기

중간고사 기말고사 시즌이 되면 상당히 많은 학생이 학원 보충수업을 이유로 교회에 오지 않는다. 그래서 시험 기간이 되면 예배 출석률이 뚝 떨어진다. 이 부분에 대한 개선은 사역자들의 노력만으로는 쉽지 않다. 바로 부모들 때문이다. 통계에 따르면 크리스천 부모의 절반이 시험 기간에는 아이들을 교회 대신 학원에 보낼 수 있다고 답변하였다.[4]

그러나 우리가 꼭 알아야 할 것은 주일 성수가 제대로 되지 않으면, 믿음의 길을 가기가 힘들다는 것이다. 주일 성수는 신앙의 기본 중 기본이다. 우리 신앙의 선배들은 주일 성수에 목숨을 걸었을 정도다.

청소년 사역을 할 때 대학보다 수능보다 더 중요한 것은 믿음이라고 늘 가르쳤다. 하지만 막상 시험이라는 현실이 눈앞에 닥치면 학생들은 흔들렸다. 특히 시험 기간에 교회에서 예배드리면서도, 학원에 가서 공부할 다른 친구들의 모습을 떠올리면 흔들리기가 쉬웠다. 그래서 아이들에게 우리의 모든 행사를 하나님께 맡기면, 하나님이 이루시니까 염려하지 말라는 권면의 설교를 참 많이 한 듯하다. 하지만 믿음이 없는 학생들에게는 이 말씀이 잘 들어가지 않았다.

하나님이 무엇을 기뻐하실까?

아이들에게 늘 주일 성수에 대한 부분을 강조하다 보니, 간혹 토요일 저녁에 연락이 오곤 했다. 한번은 중학교 1학년 학생에게 연락이 왔다.

"목사님, 내일 가야금 콩쿠르가 있는데 어떻게 해야 할까요?" 나는 이런 연락을 받으면 '예스' 또는 '노'로 답변하지 않는다. 오히려 이렇게 묻는다. "하나님이 무엇을 기뻐하실까?"

그러면 곧장 답장이 온다. "그렇죠? 목사님, 제가 내일 당연히 교회 가서 예배드려야겠죠?" 그렇게 해서 중학교 1학년 학생은 콩쿠르 대신 주일 예배에 참석했다.

그런데 이 일이 큰 문제를 유발했다. 알고 보니 아이의 부모는 교회를 다니지 않는 분이었고, 아이는 부모에게 아무런 말도 없이 무단으로 콩쿠르에 불참한 것이다. 그날 저녁 담임 교사에게 연락이 왔는데, 아이의 엄마가 아이를 크게 혼내며 다시는 교회에 보내지 않겠다고 엄포를 놓았다고 했다. 그 이야기를 들은 나는 이때 교사에게 이렇게 말해 주었다.

"선생님, 걱정하지 마세요! 사탄은 어떠한 경우에도 우리 아이들 영혼을 빼앗아 갈 수 없습니다." 그 학생은 어떻게 되었을까? 그다음 주, 한 주는 교회에 나오지 못했지만 이후는 계속해서 신앙생활을 이어갔고, 청년부에 올라가서는 회장으로 섬기는 등 지금도 믿음 가운데 든든히 서 있다.

보통 중학교 1학년 하면, 상당히 미성숙하리라 생각한다. 하지만 중학교 1학년이라 할지라도 믿음이 들어가면, 그 누구보다 크게 성장할 수 있다. 신앙은 학년과 나이와 아무런 상관이 없다. 믿음만 들어가면 어른들 이상으로 성장할 수 있다.

꺾이지 않는 믿음을 생각하면, 떠오르는 학생이 한 명 있다. 중학교 3학년 때 친구 전도로 교회에 처음 발을 들인 학생이다. 부모는 무교였고 아이 홀로 신앙생활을 하였다. 이 학생의 믿음이 무럭무럭 자라서, 어느덧 교회에서 여러 훈련과 활동에 많이 참여했다. 그러다 고3 마지막 여름 수련회를 기대하고 있었는데, 학교에서 진행하는 서울대 캠프와 날짜가 겹치게 되었다. 서울대 캠프는 서울대생들이 직접 학교에 방문해 상위권 학생을 지도해 주는 프로그램으로, 학교에서는 매우 중요한 일정이다.

담임 교사는 전교 1~2등을 다툴 만큼 공부를 매우 잘하던 이 학생이 서울대 캠프에 빠지는 것을 끝까지 허락해 주지 않았다. 하지만 그래도 결국 학교를 빠지고 수련회에 왔다. 이 일로 담임 교사와 관계가 틀어져 수시 원서를 쓸 때 매우 힘들어했다. 그럼에도 목표한 대학에 진학했고, 믿음의 견고함 또한 잘 유지했다.

종종 이 형제가 후배들에게 하는 이야기를 들어보면 참 재미있다. 자신은 이미 고등학교 때 웬만한 핍박을 겪어 봐서 대학교 때 신앙 유지하는 일은 하나도 힘들지 않았다고 한다. 그 믿음 그대로 흔들리지 않고 잘 자라서 지금은 교회에서 예배 인도자로 헌신하여 열심히 섬기고 있다.

오직 믿음으로 사는 청소년

간혹 청소년들의 믿음의 모습을 보면 '어떻게 저 정도까지 갈 수 있을까?'라는 생각이 든다. 학생들은 보통 다른 것은 포기하더라도 대학 진학과 관련해서는 포기하기 어려운데, 대학보다 믿음을 더 중요하게 여기는 청소년들도 만난다.

유독 기억에 남는 학생이 있다. 이 학생은 학교에서 전형적인 모범생이었고, 교회에서도 모범생이었다. 고등학교 입학할 때 일

찌감치 자기 진로를 결정해 호텔 경영인에 대한 꿈이 있었고, 학교 기숙사에서 살며 매일 저녁 기도 시간을 가졌다.

"하나님, 제가 서울에 있는 모 대학에 진학하길 원합니다. 그 학교에 입학해서 그곳을 하나님의 나라로 만들겠습니다."

이것이 이 학생의 기도 제목이었다. 열심히 내신 관리를 잘해 서울에 있는 그 대학의 수시 모집 준비를 다 끝냈다. 담임 교사도 이 내신이면 충분히 합격할 것으로 기대했다.

이제 대학교 입학을 위한 마지막 관문인 면접만 남았는데, 그 날짜가 주일이었다. 다른 학생들이라면 상황이 어쩔 수 없으니 주일 예배에 빠지고 면접에 갔을 것이다. 그런데 이 학생은 그럴 수 없었다. 주일 성수가 대학교 입학보다 더 중요했다. 그래서 결국 3년간 기도로 준비한 그 대학교 입학을 담대히 포기하고 다른 학교의 입시 결과를 기다렸다. 하지만 소식을 들어보니 지원한 모든 학교를 다 떨어진 것이다.

순간 하나님이 너무 원망스러웠다.

"하나님, 오직 믿음으로 살겠다고 노력하는 학생에게 왜 이런 결과를 주십니까? 참 너무하십니다."

교회에서 그 학생을 볼 때마다 그냥 미안한 마음만 들었다. 그리고 12월이 되었는데 갑자기 연락이 왔다.

"목사님, 저 붙었어요! 호텔경영학과에 합격했어요!"

기대를 조금도 하지 않고 있던 학교에서 합격 통보를 해온 것이다. 우리나라에서 호텔경영으로 가장 상위의 학교였고, 그곳은 상향 지원을 한 터라 기대를 조금도 하지 않았는데 그 학교에 합격한 것이다. 먼저 그의 나라와 그의 의를 목표한 학생에게 하나님은 이 모든 것을 더해 주셨다.

지금 대한민국 청소년 대부분은 가정과 학원과 학교에서 끊임없이 성공하는 방법론을 배운다. 그리고 이것이 청소년 인생에서 매우 중요한 가이드가 되고 있다. 심지어 교회에 출석하는 청소년도 세상의 방법론으로 산다. 일주일에 하루, 몸만 교회에 있을 뿐이니 다른 아이들과 별반 차이가 없다.

하지만 오직 믿음으로 살아간 선배들의 스토리는 후배들에게 큰 도전을 준다. 다른 멀리 있는 사람이 아닌 자기들과 같이 교회에서 함께 신앙생활을 한 선배들의 경험과 간증이기에 그 영향력은 더 크다. 선배들은 학교에서 기도하면서 믿음의 정도를 지켰고, 주말이면 교회에서 여러 가지 봉사로 오롯이 시간을 보냈다. 오죽하면 그들의 부모들이 가족 행사를 계획할 때 교회 시간을 다 피해서 짤 정도였을까?

어떠한 일이 있더라도 예배에 우선순위를 두었기에 주일에 이루어지는 학원 보충은 다 빼야 했지만, 더 열심히 공부해서 성적 유지에도 힘썼다. 때론 성적이 조금 떨어지더라도 하나님의 선하심에 대해서 추호도 의심하지 않았다.

이러한 믿음의 열기가 도시 전체에 퍼졌으니, 이것이야말로 부흥이라고 할 수 있지 않겠는가.

청소년 사역자가 가장 집중해야 할 부분은 설교다.
청소년 설교는 주말에 몰아서 하는
작업이어서는 절대 안 된다.
신학교에서 배운 대로 준비해도
실패할 확률이 높다.
이 설교는 최대 변수, 청소년이라는
특별한 청중이 있기 때문이다.

중고등학생 때 부모의 믿음이 아닌,
자기 믿음에 대한 확고함이 생기면
교회를 떠나지 않는다.
청소년기에 '기도와 말씀'이라는
신앙의 영적 루틴이 잘 만들어지면
교회를 떠나지 않는다.

CHAPTER 04

믿음에 투자했더니
청년부가 일어나기 시작했다!

주의 권능의 날에 주의 백성이 거룩한 옷을 입고
즐거이 헌신하니 새벽 이슬 같은 주의 청년들이 주께 나오는도다
시 110:3

교회에 부임해서 보니 청년부가 초토화되어 있었다. 청년부 회장과 식사를 하며 이야기를 나누는데, 그동안의 청년부 모습을 찬찬히 들려주었다. 교회 청년부 안에 사람이 없다 보니 회장이 주보도 만들고, 찬양팀도 인도하고, 모든 일을 홀로 다 해왔다고 했다. 어떤 날은 적으면 2명이 앉아서 예배를 드릴 때도 있었다고 한다. 소수 정예이자 그들만의 리그였다. 남아 있는 청년들은 어쩔 수 없으니까 교회에 오는 것이지, 그들 역시 교회를 떠나고 싶은 마음이 컸다고 했다.

청년들이 교회를 떠나려는 이유는 무엇일까? 한 설문 조사 결과에 따르면[1] 1위가 단연 목회자 이슈였다. 목사의 언행 불일치나 목사에 대한 실망감으로 교회를 떠난다. 2위는 교회에서의 헌신 강요다. 끊임없이 헌신을 강요하는 교회 문화 속에서 견디다 못해 청년들이 교회를 떠나는 것이다. 안타깝게도 아직도 많은 교회가 청년들을 교회 일에 필요한 도구 정도로 생각한다.

3위는 영적으로 채움을 받지 못해 떠난다. 과거처럼 청년들은 '이 교회가 내 교회'라고 생각하며 계속 거기에 머물러 있지 않는다. 교회에 문제가 생기면 언제든지 떠날 수 있다고 생각한다.

'교회의 허리'를 세우는 힘으로 승부하기

청년부가 교회에서 중요한 이유는 무엇일까?

첫째, 청년부는 곧 교회를 이끄는 힘이기 때문이다. 보통 청년부를 '교회의 허리'라고 표현한다. 허리는 우리 몸에서 힘을 쓰는 역할을 한다. 청년부가 일어서면 그 교회는 강력한 동력을 얻는다. 실제로 우리 교단에서 내로라하는 대표적인 교회들을 보면 청년부가 부흥한 교회임을 알 수 있다.

둘째, 청년부의 운명은 교회의 미래와 직결되기 때문이다. 교회 청년들이 결혼하면 신혼부부가 되고, 그들이 자녀를 낳으면 영아부와 유치부가 자연스레 성장한다. 이처럼 교회 청년부는 교회 미래와 직결된다.

셋째, 청년부는 교회를 젊게 만든다. 교회 곳곳에 청년들이 들어가면 활기가 생긴다. 교회학교와 찬양팀 등 여러 부서에 청년들이 보이면 활력이 생긴다. 그리고 그곳에 역동성이 일어난다.

이렇게 중요한 '교회의 허리'인 청년부가 무너진 상태였다. 이 부분이 더욱더 아쉬운 이유는 우리 교회는 지리적인 위치상 직장과 대학이 많이 몰려 있는 서울 중심부에 자리하기 때문이다. 서울에 있는 교회는 청년부 특수를 누릴 수 있는 이점이 많다. 서울에서 가장 인구가 많은 연령대가 30대일 것이다. 취업 때문에 지방에서 올라온 수많은 청년이 거주하는 곳이 바로 서울이다.

그러나 우리 교회에는 이러한 청년들이 별로 없었다. 교회의 무너진 허리를 이 상태로 방치할 수 없었기에 청년부 부흥에 온 힘을 쏟기 시작했다. 그렇다면 청년부는 어떻게 부흥할 수 있었을까?

청년들이 모이는 교회를 보면 그들의 모임 속에 은혜가 넘친다. 담임 목사를 포함해서 온 교인이 청년들을 매우 사랑해 준다. 청년들을 봉사의 도구로 생각하지 않고 지체 한 명 한 명을 귀하게 여기는 풍토가 강하다. 부임과 동시에 이것을 실현하기 위해서 제일 처음 청년들을 만났다. 함께 식사 교제하면서 청년들을 향한 특별한 마음을 보여 주었다. 그리고 곧장 청년부 예산을 2배 이상으로 인상시켰다. 보물이 있는 곳에 마음이 있다(마 6:21). 말과 혀로만 사랑해서는 안 되며, 행함과 진실함으로 하는 사랑이 진짜 사랑이다(요일 3:18). 주일 예배 시간에 장년 성도들에게 이렇게 공포했다.

"앞으로 우리 청년들 일 시키지 맙시다. 교회는 은혜받으러 와야지, 일하기 위해서 와서는 안 됩니다. 여러분, 청년들이 오직 은혜받는 데 힘을 써 주세요!"

그러고는 청년들을 모두 11시 예배에서 나가도록 했다. 그전에는 청년들이 찬양팀에서 봉사하고 방송실도 돕고 심지어 찬양대까지 억지로 섰는데, 모든 청년을 자유케 만들었다. 청년부가 빠져나가자 주일 2부 11시 예배의 찬양팀은 교회에서 가장 못 하는 수준이 되었지만 상관없었다. 오직 모든 관심은 청년들을 믿음으로 세우는 데 있었다. 청년들을 다시 믿음 가운데 세울 수 있다면 더한 일도 할 수 있었다.

청년부 예배를 3부 예배로 만들어 주었고 소그룹실에서 작게 드리던 예배를 본당에서 드리도록 했다. 찬양팀도 꾸리고 여러 예배 준비팀을 만들어 감격스러운 3부 예배가 교회 역사상 처음 시작되었다.

100명의 청년 예배로 승부하기

그렇게 준비하여 설교하러 강단에 올라갔는데 청년부의 모습은 초라하기 그지없었다. 본당이 1,000석인데 너무나도 썰렁해 보였고 마음속으로는 안타까움이 밀려왔다. 하지만 굴하지 않고 담대히 말씀을 선포했다.

"지금은 우리가 매우 미약한 수준이지만 하나님이 우리에게 은혜 주시면 부흥이 될 줄 믿습니다. 그날과 그때가 언제일지 모르겠지만, 청년 100명이 예배드리는 그날이 오면 좋겠습니다. 그날을 고대해 봅니다."

몇 년이 흘러 청년들과 식사하는데 그날 내 설교를 회상하는 이들이 있었다. 그때의 설교가 그들에게는 너무나도 허무맹랑해 보였다고 했다. 모여 봤자 10여 명인 공동체가 어떻게 100명이 될 수 있을까? 이것은 말도 안 되는 이야기라고 생각했다고 했다. 실은 이날 설교를 하면서 이런 이야기를 덧붙였다.

"여러분, 우리 100명 되는 그날 모두 다 같이 아웃백 스테이크 하우스에 갑시다!"

이게 얼마나 현실성이 없는 이야기였냐면, 청년들 아무도 설교 중에 나온 아웃백 스테이크 이야기를 기억하는 이가 없었다. 그런데 우리 하나님이 어떤 분이신가?

우리 하나님은 불가능이 없는 분이시다. 말씀 한 마디로 천지를 창조하셨고 홍해 바다를 가르셔서 수백만의 사람이 마른 땅으로 건너게 하신 분이다. 하지만 우리는 하나님의 전능하심을 많이 놓치고 사는 듯하다. 나 역시 그때 설교는 그렇게 하였지만 아웃백 스테이크에 대해서는 까맣게 잊고 있었다.

그렇지만 그 설교 후 정확히 2년 만에 청년부 출석이 100명을 돌파했다. 그것도 코로나 기간에. 말도 안 되는 일어났다. 코로나 시국에 청년들이 매주 등록하더니 드디어 100명이 채워진 것이다. 하나님은 전능하신 분이라는 것 말고는 다른 것으로 설명할 필요가 없었다.

이제 청년들과 아웃백 스테이크 하우스에 가서 축하 파티를 해야 하는데 서울의 아웃백 지점 중에 100명 예약을 받는 곳이 단 한 곳도 없었다. 다른 뷔페들도 비슷하였다. 그래서 주일날 청년들을 위해서 교회에 출장 뷔페를 불렀다. 그리고 하나님께 감사의 잔치를 멋지게 벌였다.

청년 부흥의 내적 엔진

어떻게 10명의 청년이 100명이 넘는 숫자로 성장하게 되었을까? 이 부분은 아내와 지금도 자주 이야기하는 소재 중 하나다. 왜 자주 이야기를 꺼낼까? 이유를 알 수 없다는 뜻이다. 이 스토리만 생각하면 그냥 눈에서 눈물이 흐른다. 오직 하나님이 일하셨다는 것 말고는 다른 어떠한 것으로도 설명할 수가 없기 때문이다.

청년부가 부흥한 교회들을 보면, 부흥의 내적 엔진이 존재하는데 그 첫 번째가 예배다. 예배에 집중하면 청년부는 부흥한다.[2] 나 역시 담임 목사로 청년들을 향해서 첫 번째로 시도한 것이 예배의 변화다. 오직 한 가지가 목표였다. 청년들이 은혜받을 수 있는 예배가 되는 것. 여기에 온 집중을 다 했다. 실제로 청년들은 예배에 은혜를 많이 받았다. 한 주도 은혜 없이 예배를 드린 적은 없는 것 같았다.

코로나 기간에 교회를 중단한 청년들이 주변에 참 많았다. 그러나 은혜는 반드시 소문이 난다. 한동안 교회에 오지 않던 청년들이 다시 교회로 오게 되었다. 여러 교회를 돌다가 우리 교회를 선택하기도 하였다. 종교가 없던 한 자매는 교회를 가고 싶은 마음이 들어 동네 교회를 찾으며 다른 교회를 가려고 했는데, 길을 잘못 들어서 우리 교회에 오게 되었다. 믿음의 백그라운드가 전혀 없던 자매인데, 은혜가 임해 예수를 영접하고 학습 받고 세례를 받은 일도 있었다.

영적 공급으로 승부하기

교회 청년들을 바라보면서 우리는 그들을 이렇게 정의했다. "청년들은 교회의 봉사자나 일꾼이 아니다. 청년들은 은혜받아야 할 예배자다." 그래서 청년부 안에 핵심 가치는 '기도와 말씀'으로 선언했다. 실제로 통계 결과를 보면 대학생들은 자신들의 신앙생활에서 '기도하기, 성경 읽기, 성경 공부 참여하기'를 가장 시급하게 바라고 있었다.[3]

우리는 어떻게 해서든지 청년들의 영적인 필요를 채우는 데 전력을 다했다. 청년들에게 은혜가 임하기 시작하니 더욱더 갈급함을 느꼈다. 주중에 청년들이 교회에서 자주 보이는 것이 눈에 띠었다. 금요 기도회가 없던 교회에 청년들의 기도회가 생겼다. 얼마나 뜨겁게 기도하는지 모른다.

청년들에게 말씀에 대한 사모함이 생기니 주중에 제자 훈련과 독서 모임이 활성화되었다. 모든 면에서 영적으로 상승하는 것이 보였다. 영적인 수준이 올라가니 예배팀에 영성과 전문성을 가진 청년들이 모이기 시작했다. 생각지도 않게 사람들을 보내 주셔서 예배팀이 구성되었다.

청년들의 마음속에는 예배를 사모하는 마음이 너무나도 크다. 연중 주일에 청년들을 중심으로 한 '일일 바자회'가 있는데, 아무리 분주하게 각자 맡은 일을 하다가도 모두가 1시가 되면 다 예배드리기 위해 올라가 있다. 예배를 향한 청년들의 진심을 알 수 있는 대목이다.

이 시대의 청년부 부흥, 그 핵심은 예배에 있다고 확신한다. 청년부 부흥은 예배가 전부라고 말할 수 있다. 청년부가 부흥하는 교회 가운데, 예배가 특별하지 않은 교회는 하나도 보지 못했다. 실제로 교회를 떠난 청년들 가운데 그들을 다시 교회로 인도한 것은 한 번 참석한 그 예배에 있다고 답변했다.[4]

예배가 왜 이렇게 중요할까? 예배는 우리 신앙생활의 최우선 순위이기 때문이다. 또한 우리가 사는 이유가 예배 아닌가?

"이 백성은 내가 나를 위하여 지었나니 나의 찬송을 부르게 하려 함이니라"(사 43:21). 예배라는 영어 단어 'worship'을 보면, 'worth'(가치 있는)와 '-ship'(신분)의 합성어다. 위대하신 하나님께 최상의 가치를 올려 드리는 행위가 바로 예배다.

이것은 청년부에 국한된 것이 아니다. 교회학교 아이들의 예배도 은혜가 넘치면, 아이들이 몰려온다. 청소년 예배에 은혜가 넘치면 그 청소년부는 부흥한다. 장년들은 더 말할 것도 없다. 사람들이 찾는 교회가 어떤 교회인가? 은혜가 넘치는 교회다. 예배 가운데 은혜가 넘치면 청년들은 반드시 교회로 오게 된다. 이 시대의 청년들은 모두 예배를 통한 영적인 채움을 간절히 원한다.

텃세가 아닌 함께함으로 승부하기

많은 교회가 겪는 어려움 중 하나가 교회 텃세다.

교회 성장 컨설턴트 톰 레이너에 의하면 새가족이 불편해하는 교회의 모습을 보면 다음과 같다.

첫째, 끼리끼리의 교제
둘째, 새가족 환영 시간에만 친절
셋째, 기존 성도는 교회를 너무 잘 알기 때문에 일어나는 불친절
넷째, 새가족은 알아들을 수 없는 내부자만의 언어 사용[5]

이러한 모습을 보이면 힘들게 교회를 찾은 새가족은 결국 그 교회를 떠난다. 의외로 많은 청년부 안에 그들은 인정하지 않더라도 텃세가 있다. 그러나 좋은 공동체를 보면 확실히 텃세가 없다. 왜 텃세가 존재하는가? 교회의 핵심 가치가 믿음이 아닌 전통과 서열이 되었기 때문이다.

청년부 공동체에 믿음이 확실히 심겨 들어간 이후에 일어난 첫 번째 변화는 텃세가 사라진 것이다. 새가족이 교회에 매주 오고 잘 정착하게 되었다. 모든 구성원이 여러 사역에 스스럼없이 참여할 수 있는 분위기가 조성되었다. 조금의 자격이 되고 능력을 갖추면 새가족이라도 참여할 수 있었다. 청년부 사역의 핵심이라고 할 수 있는 찬양팀에도 누구나 들어갈 수 있도록 했다. 청년부 재세팅이 시작되고, 2년 만에 회장 한 사람 빼고는 임원과 리더가 모두 새로운 지체로 바뀌는 진귀한 현상을 보게 되었다.

이제 모두가 안다. 우리에게는 믿음만 있으면 누구든지 하고 싶은 헌신을 할 수 있는 것을. 이 지체가 어디 출신인지 언제 교회에 왔는지는 조금도 중요하지 않다는 것을. 어떠한 믿음을 가지고 있고 그 믿음을 어떻게 펼치고 싶어 하는지가 중요하다는 것을.

믿음이 들어가니 교회 진입 장벽이 확 낮춰진 것이다. 뿐만 아니라 떠났던 청년들이 다시 회귀하는 일들이 발생하였다. 보통 형제들은 군대를 기점으로 교회를 떠나는데, 청년부의 변화 소식을 듣고 전역과 동시에 다시 교회로 대거 복귀하였다.

교회를 잠시 쉬고 있던 '가나안' 청년들이 다시 공동체 안으로 들어왔다. 심지어 근처 대형교회로 떠났던 청년이 수년 만에 돌아오게 되었다. 그러면서 청년 공동체에 대한 자부심이 생겼고 청년부는 부흥하지 않을 수 없었다. 이 모든 것의 시작 역시 믿음이다.

성악을 전공한 한 자매는 주일 2부 예배인 11시 예배에 솔리스트 유급 봉사자로 교회에 오게 되었다. 이 자매는 많은 청년이 모여 있는 청년부 예배에 우연히 올라갔다가 청년들의 예배 모습에 적잖은 도전을 받게 되었다. 이후 매주 찬양대 연습을 마치자마자 다시 급히 청년 예배를 드리러 올라가기 시작했다. 그러던 중

마침내 과감한 결단을 했다. 바로 솔리스트 포기였다.

자신도 은혜의 자리에 있고 싶기 때문이다. 어떻게 보면 교회에 일종의 아르바이트를 하기 위해 왔는데, 돈을 버는 것보다 더 중요한 것은 믿음으로 드리는 예배라는 것을 깨닫게 됐기 때문이다. 그래서 결국 솔리스트를 포기하고 청년부 예배를 함께 드리며 청년부 임원으로까지 섬기게 되었다. 믿음이 들어가니 우리가 이전에는 예상하지 못한 변화들이 청년부 안에 속출했다.

헌신과 사역으로 승부하기

믿음이 들어가면 믿음의 나무에 열매가 반드시 맺힌다. 예배를 통해 청년들에게 믿음이 심겼고, 그 믿음의 열매는 상상을 초월할 정도로 커지게 되었다. 우선은 청년들이 교회 안에 머물지 않고, 헌신하고 사역하는 청년들이 되었다. 지금 청년부 안에만 봉사하고 사역하는 6개의 부서가 있다. 그중 섬김팀은 어려운 이웃과 사회를 위해 정기적으로 서울역 노숙자를 섬기기 위해 간다.

그런데 이 팀에 속한 청년들만이 아니라, 많은 청년이 이 사역에 지원해 교회 승합차를 여러 대 동원해 가야 할 정도다. 누가 시켜서가 아니라 청년들 안에서 기쁘고 즐거운 마음으로 노숙자들을 정기적으로 섬긴다.

한번은 청년들 안에서 미자립 교회를 돕자는 의견이 나왔다. 미자립 교회 주일학교 아이들을 서울로 초청해서 놀이동산에서 함께 놀아 주는 프로그램을 기획했다. 미자립 교회에 직접 연락해서 교회에 필요한 물품이 무엇인지 물어봤더니 아이들 전도용으로 슬러시 기계를 요청했다. 청년부 섬김팀은 기계를 직접 구매해 강원도 시골 교회에 직접 전달까지 해주고 왔다. 청년들의 이러한 헌신은 모두 자발적이다.

올해부터는 청년들의 자체 수련회는 따로 하지 않는다. 그 이유는 이미 휴가를 단기 선교에 사용했기 때문이다. 특새를 통해서 은혜를 받은 청년들은 휴가를 모두 단기 선교에 사용하기로 하였다. 이렇게 올해 단기 선교에 참석하는 청년들만 80명이 넘는다. 어떤 지역은 신청서가 나가자마자 2주 안에 모집 인원이 마감되기도 하였다.

우리 교회 단기 선교 방침은 100퍼센트 자비량 선교다. 그래서 청년들 가운데 물질의 부담으로 단기 선교를 주저하는 경우도 생긴다. 이때, 선배와 동기들이 다함께 움직이면서 하나님이 채워 주시기를 기대하며 같이 갈 것을 권면하고 서로 돕는다. 현재 교회의 선교는 대부분 청년들이 다 이끌어간다. 선교의 지경은 이렇게 매년 확대되고 있다.

청년들에게 믿음이 들어가니 이제는 청년들이 교회를 돌아보기 시작했다. 처음에 교회의 모토는 '청년들에게 일 시키지 맙시다'였는데, 청년들에게 믿음이 들어가니 시키지 않아도 알아서 일한다. 지금 많은 청년들이 어린 후배들을 돕기 위해서 교회학교 교사로 섬기고 있다. 청년 중에서도 매우 믿음 좋은 지체들이 교사를 하기에, 교육부서에 큰 도움이 되고 있고 이로 인해 교사 연령대가 매우 젊어지게 되었다.

한번은 교육부서 공간을 리모델링해야 했다. 워낙 재정이 많이 들어가는 공사여서 재정을 최대한 아끼기 위해 공사에 필요한 육체노동에 교인들이 제법 투입되었다. 이때 청년들이 자발적으로 함께 공사에 참여하였다. 뿐만 아니라 교회 대청소를 하는 날이면 청년 상당수가 이 일에 동참한다.

교회에서 드리는 토요일 온 가족 새벽 기도회 후에는 간식 타임이 있다. 이때도 청년들의 헌신을 볼 때가 있다. 청년들이 그 많은 양의 주먹밥을 새벽에 직접 준비하기도 한다.

한 자매는 교회 학사관에서 4년 동안 지내다가, 대학원 졸업 이후에 취업이 되어서 이제는 교회 근처에서 자취 생활을 하고 있다. 4년 동안 교회 학사관에서 지낸 자매 안에 교회를 향한 특별한 마음이 생겼다. '내가 교회 성도분들이 드린 헌금으로 4년 동안 방을 사용하며 대학교와 대학원 과정을 마쳤는데, 교회를 위해서 할 수 있는 일이 무엇일까?'

그래서 토요일 온 가족 새벽 기도회 시간에 전 교인을 위해서 간식을 준비하기로 결심하였다. 그런 결단을 내렸는데 문제는 돈이 충분치 않았다. 이 재정 마련을 위해서 무엇을 할까 고민하다, 그 비용이 다 모일 때까지 식비 지출을 하지 않고 라면만 먹기로 했단다. 20대 자매가 성도들에게 간식을 대접하기 위해서 몇 달간 라면만 먹고 살기로 결단을 한 것이다. 그러던 어느 하루, 회사에 출근했는데 담당자가 부르더니 '저번에 석사 학위 받지 않았느냐? 학위를 받았으니 호봉을 올려 주겠다'라고 하는 것 아닌가? 그러고는 바로 그 자리에서 현금을 주는데, 그 돈이 새벽 기도회 간식비와 같은 금액이었다. 자매는 그날 회사 비상구에서 펑펑 울었다고 했다. "나를 사랑하시며 내 마음을 아시는 하나님, 내 모든 것을 채우시고 책임지시는 하나님 감사합니다" 하면서 말이다.

청년들에게서 나타난 이러한 믿음의 열매들은 다 헤아릴 수 없을 정도로 많다.

교회 전체를 이끄는 동력으로 승부하기

우리 교회 청년부의 부흥은 전적인 하나님의 은혜다. 현재 전체 출석 교인의 30퍼센트가 청년들이다. 우리 교회에서 가장 많은 연령대는 30대가 1등이고, 20대가 2등이다. 76년 전통교회에서 일어난 기적과 같은 일이다. 청년들이 그냥 많아진 것으로 끝나지 않고 이제는 청년들이 교회의 믿음을 이끄는 역할을 감당하고 있다.

우리 교회의 시그니처 중 하나인 '세대 통합 예배'가 있다. 교회의 주요 절기나 행사가 있을 때는 온 교인이 11시에 다 같이 모여 예배를 드린다. 이 예배는 어른 예배에 아이들을 동참시키는 예배가 아닌, 철저히 온 세대가 하나 될 수 있도록 준비한 예배다. 이때 이 예배를 리딩하는 이들은 청년이다. 이날은 영성과 전문성에서 탁월함을 가진 청년들이 예배를 이끌어간다. 예배를 마무리하는 그 순간, 강대상에 올라갈 수 있는 최대치 인원인 약 100명의 청년이 거기서 찬양하며 예배를 이끄는데, 그 자체가 장관이다.

청년이 힘쓰는 특새

교회가 믿음에 집중하는 가운데, 가장 크게 변화된 부분은 기도회다. 온 교인이 한자리에 모여 기도하는 시간이 수요일인데, 이때도 전체 참석 인원의 절반이 청년이다. 누구도 의식하지 않으며 맨 앞자리에서 일어나 뜨겁게 찬양하는 청년들이 있다. 이들이 찬양하고 기도하는 모습은 교회의 영적 중심이 어디에 있는지 보이는 대목이다. 청년들이 교회의 영성을 이끌어가고 있다.

이뿐 아니다. 1년에 4차례 특별 새벽 기도회가 있는데 이때도 가장 많이 참석하는 대상이 청년들이다. 우리 교회 청년들은 직장인이 70퍼센트, 대학생이 30퍼센트 비율이다. 청년 다수가 교회에서 거리가 먼 곳에 거주하지만 특별 새벽 기도 기간에 카풀로 교회에 오는 청년들, 함께 택시 타고 오는 청년들이 꽤 많다. 지난 특새 때는 청년부 목사 사택에서 5명이 일주일 동안 잠을 잤다고 했다. 교회 근처에 자취하는 친구 집에서 함께 자고 온 청년도 꽤 많았다. 7월 중에는 청년 특새가 있고, 이때는 청년들이 더 많이 참석하는데 일주일 동안 아예 교회에서 먹고 자는 청년도 상당히 많다. 지금 우리 교회는 청년들이 교회의 영성을 책임지고 있다고 해도 과언이 아니다.

청년 일일 바자회

청년들은 단기 선교를 앞두고 주일에 일일 바자회를 진행한다. 이때, 전교인이 점심으로 식사할 수 있는 음식을 준비한다. 불고기덮밥, 스파게티, 파전, 샌드위치, 떡볶이, 튀김, 어묵 등을 준비하는데 장년부서 도움 없이 모든 것을 자체적으로 진행한다. 알아서 품목을 정하고, 알아서 재료를 준비해서 음식을 만든다. 심지어 교인들의 편의를 위한 결제 시스템까지 다 최신식으로 준비했다. 이 모든 것을 다 청년들이 앞서서 참여한다.

이처럼 청년에게 믿음이 들어가면 부흥의 열매가 반드시 생긴다. 이 시대 청년부가 어렵고 힘들다고 하소연을 많이 하지만, 우리 교회 청년부를 보면 역시 믿음이 답이라는 생각이 든다. 믿음으로 승부하면 청년부는 부흥하고 믿음에 따른 열매가 맺힌다.

오직 한 가지, 청년들이 은혜받을 수 있게 하는 것
여기에 온 집중을 다 했다.
교회 청년들을 바라보면서
우리는 그들을 이렇게 정의했다.
청년들은 교회의 봉사자나 일꾼이 아니다.
청년들은 은혜받아야 할 예배자다!

청년들에게 믿음이 들어가니
이제는 청년들이 교회를 돌아보기 시작했다.
교회의 모토는
'청년들에게 일 시키지 맙시다'였는데,
그들에게 믿음이 들어가니
시키지 않아도 알아서 섬긴다.

PART 3

실행

CHAPTER 05

믿음으로 승부했더니 전통교회가 변화되었다!

하나님을 찬미하며 또 온 백성에게 칭송을 받으니
주께서 구원 받는 사람을 날마다 더하게 하시니라
행 2:47

2019년 12월에 청암교회 6대 담임 목사로 부임하였다. 청암교회는 70년이 넘는 역사와 전통을 자랑하는 교회다. 부임 당시, 교회의 가장 큰 어려움은 고령화였다. 교인들 대다수가 60대 이상이었고, 70대 이상도 정말 많은 교회였다. 또한 서울 용산, 구도심이라는 지역적 한계도 컸다. 하지만 자세히 들여다보니 교회의 문제는 하드웨어에만 국한되지 않았다. 오히려 내면에 더 큰 문제가 자리하고 있었다.

『죽은 교회를 부검하다』[1]를 보면 죽어가는 교회의 특징이 열 가지로 나온다. 참 공감이 되는 내용이다.

1. 아무도 알아채지 못할 만큼 서서히 쇠퇴했다.
2. 어떤 변화도 한사코 거부했다.
3. 그들만의 교회였다.
4. 내부 지향적으로만 예산을 사용했다.

5. 어느 순간 지상대명령에 대한 순종이 사라졌다.
6. 언제나 나, 나 자신을 위한 성도들로 가득 찼다.
7. 목사들은 성도들과 갈등을 최소화하는 안전한 길을 선택했다.
8. 그 교회는 좀처럼 함께 기도하지 않았다.
9. 교회의 목적과 사명을 잃어버렸다.
10. 선한 청지기가 아니라 교회 시설에 집착했다.

이 열 가지 모두가 우리 교회를 향한 내용은 아니지만, 그래도 상당수가 우리 교회의 모습인 것은 인정한다. 이 책 초반에 나오는 사례처럼, 전통교회는 변화에 대해 상당히 거부감이 크다. 그래서 미국의 많은 전통교회의 성도들이 떠났고, 결국 문을 닫게 되었다.

요즘에는 전통교회에 담임 목사로 부임하느니 개척하는 것이 낫다는 말도 들린다. 그만큼 전통교회의 변화와 개혁이 어렵다는 말이다. 개척에 성공한 스토리는 많은데, 전통교회를 변화시킨 스토리는 별로 없다고 한다. 목회자 세계에서 전통교회 변화는 거의 불가능처럼 느껴지고 있다.

一
은혜로
승부하기

우리 교회에서 일어난 그간의 변화 이야기를 듣고, 언론 기관이나 주위 목회자들이 늘 물어보는 것이 '70년 역사가 넘는 교회에 변화가 힘들지 않으냐? 반발이 크지 않느냐?' 하는 것이다.

이러한 질문에 대해 나는 늘 이렇게 이야기한다.

"반발은 전혀 없었습니다. 우리 교회의 변화는 프로그램과 시스템의 변화가 아닌 믿음의 변화였기 때문에 그렇습니다. 다른 걸로 목회 승부수를 건 것이 아니라 믿음으로 승부했고, 결국 교회는 변화되었습니다."

전통교회든 개척교회든 핵심은 믿음에 있다. 믿음이 늘 답이다. 마가복음 9장 23절의 "예수께서 이르시되 할 수 있거든이 무슨 말이냐 믿는 자에게는 능히 하지 못할 일이 없느니라 하시니" 말씀처럼 어떠한 상황 속에서도 굳건한 믿음으로 승부하면 교회는 무조건 건강하게 변화된다고 확신한다.

전통교회가 무조건 나쁘거나 문제가 있다는 프레임은 잘못된 것이다. 전통교회 중에서도 좋은 교회, 건강한 교회, 꾸준히 성장하는 교회도 있다. 문제는 그 교회가 전통적이냐 아니냐에 있는 것이 아니라, 은혜가 있느냐 없느냐다. 젊은 사람들이 전통교회를 떠나는 것은 단지 그 교회가 전통교회라서가 아니다. 은혜가 없기 때문이다.

그래서 부임과 동시에 많은 것을 바꾸기보다는 '어떻게 하면 성도들에게 은혜가 갈 수 있을까?' 이것을 첫 번째 목회 숙제로 삼았다. 성도들이 은혜받기 위해서 초보 담임 목사가 할 수 있는 것이 무엇일까? 엎드려 기도하는 것밖에 없었다. 새벽마다 예배당에서 하염없이 부르짖었다. "주여, 은혜를 주소서! 우리 교회에 필요한 것은 오직 은혜뿐입니다."

은혜의 방편

그러면 그 은혜는 우리에게 어떻게 오는가? 장로교 신학에서 은혜의 방편을 이야기할 때 말씀, 기도, 성례를 말한다. 말씀과 기도는 매주 예배 시간에 포함된 순서다. 따라서 예배에 집중할 때, 교인들에게 은혜가 넘칠 것을 확신하고, 목회의 모든 에너지를 예배에 쏟았다.

많은 목회자들이 죽어가는 교회를 살리기 위한 방편으로 현대

식 건물과 세련미 넘치는 프로그램에 관심을 두지만, 실제로 생동력 있는 교회를 보면 기도와 말씀이 강한 것을 알 수 있다. 그래서 초대교회는 기도와 말씀에 집중했다. "우리는 오로지 기도하는 일과 말씀 사역에 힘쓰니라"(행 6:4). 기도와 말씀에 집중하면 교회는 반드시 살아난다.[2]

말씀과 기도로 승부하기

기도와 말씀이 중심이 된 예배에 집중했더니 감사하게도 하나님이 은혜를 부어 주셨다. 교인들의 다수가 예배 시간에 부어 주시는 그 은혜를 체험했다. 부임 당시, 교인들은 은혜에 목말라 있던 상태였다. 어떤 장로님은 설교 후에 통성으로 기도하는데 이렇게 뜨겁게 기도해 본 것은 몇십 년 만이라고 하였다. 어떤 집사님은 예배 시간에 이런 은혜를 태어나서 처음 경험해 본다고 하였다. 성도들은 예배를 사모하게 되었고 예배의 분위기는 시간이 지날수록 뜨거워졌다. 교회 건물과 성도들은 그대로였지만 예배는 완전히 다른 예배가 되었다. 매주 은혜의 도가니가 되었다. 주일 예배에서 은혜를 누리면 성도들의 믿음은 자랄 수밖에 없다. 믿음은 들음에서 나는 것 아닌가? 말씀을 집중해서 들으면 믿음이 성장할 수밖에 없다.

아버지께서 시골에서 목회하실 때의 일이다. 당시 아버지는 새로운 교회로 임지를 옮기셨는데 초등학교 6학년이던 나는 그 교회에 가자마자 주일날 매우 낯선 광경을 보게 되었다. 주일 점심 식사 후에 교인들이 삼삼오오 앉아서 오전 설교 녹음한 것을 카세트로 듣고 있지 않은가?

이것은 아버지 부임 전부터 있었던, 이 성도들의 주일 영적 루틴이었다. 말씀을 한 번 듣는 것으로는 아쉬워서 그것을 녹음하여 반복해서 듣는 것이다. 시골의 작은 교회였지만 전 교인의 3분의 2가 십일조를 드릴 정도로 저력 있는 교회였다. 성도들 안에 말씀에 대한 갈급함이 있고, 목회자의 설교를 귀하게 여기면 그들의 믿음은 무조건 성장한다.

우리 청암교회 교인 중에도 비슷한 변화가 생겼다. 예배 시간마다 하나라도 놓치지 않으려고 설교를 받아 적는 교인들이 생겨났다. 귀가 좋지 않아 보청기를 사용하는 한 원로 장로님은 설교를 더욱더 선명하게 듣기 위해, 예배 시간에 실시간 유튜브 예배 방송을 틀어놓고 귀에 이어폰을 꽂은 채 설교를 들으신다. 성도 중에는 일주일 내내 지난주 설교를 무한으로 반복해서 듣는 이들이 생겨났다. 주일 말씀에 귀를 기울이니 교인들의 믿음이 상승할 수밖에 없다.

예배는 시간대별로 다양한 콘셉트를 다채롭게 구성하였다. 주일 1부 예배는 주로 교사들이 많이 참석하기에 그들에게 맞는 예배를, 2부는 일반 장년층이 많이 참석하기에 그에 맞도록, 3부는 주로 청년들이 참석하기에 그들과 함께 드리는 예배를 지향하였다. 교회 모든 연령 계층 안에서 예배를 통한 은혜를 체험하게 되었다.

교회에 은혜가 넘치니 주일 예배 분위기가 완전히 달라졌다. 예배 안에서 사모함이 넘치는 것이 확실히 보였다. 과거에는 조용한 것을 경건이라고 생각하던 교회에서, 소리 높여 간절히 부르짖는 통성 기도 소리가 터져 나오게 되었다.

이러한 영적 분위기로 가장 크게 바뀐 것은 수요 기도회다. 우리 교회는 금요 기도회가 없다. 내가 부임할 때 이미 없는 상태였다. 그 결정적인 이유는 젊은 교인들의 대다수가 교회 근처에 살지 않기에, 가장 교통 체증이 심한 금요일 예배 시간에 맞추어 도심 한복판의 교회로 오는 것이 쉽지 않기 때문이다. 그래서 주중에 유일하게 모이는 날이 수요일 저녁 시간이다.

수요 성령 집회를 시작하다

처음 부임했을 때 수요 저녁 기도회는 일반적인 전통교회의 분위기였다. 찬양 몇 곡 하고, 대표 기도하고, 노 권사님들을 중심으로 한 성가대가 찬양을 하고, 기관 특송을 하고, 설교를 한 이후 부목사가 인도하는 기도회로 순서가 진행되었다. 30여 명 모이는 규모였기에 본당이 아닌 소예배실에서 드리고 있었다. 교회의 생명력은 기도인데 온 성도가 뜨겁게 기도하고 있지 못한 점이 교회의 치명적 약점이었다.

그래서 수요 기도회 이름을 '수요 성령 집회'로 바꾸고, 성령의 역사를 간절히 사모하는 비전을 제시하면서 본당에 모였다. 예배 시간에 있는 다른 순서들은 다 생략하고 오직 뜨거운 찬양, 뜨거운 말씀, 뜨거운 기도회 이 세 가지만 집중했다. 그런데 이 시간이 뜨거우니 성도들이 계속 오게 되었다. 수요 성령 집회에 성령의 임재가 있다는 확신이 전해지니 젊은 성도들이 일부러 교회에 왔다. 특히 청년들이 직장 끝나고 와서 함께 뜨겁게 찬양하고 기도하고 돌아간다. 지금은 수요 성령 집회 참여의 절반이 청년들이다. 시간이 지날수록 수요 성령 집회의 분위기는 더 뜨거워지고 있다.

자발적인 헌신을 드리다

교회가 은혜 가운데 있으니 자발적인 변화가 이뤄지는 것을 본다. 톰 레이너의 『살아나는 교회를 해부하다』를 읽어 보면 죽었다가 다시 살아나는 교회들의 모습이 있는데 이 또한 우리 교회의 모습과 매우 흡사했다. 톰 레이너가 언급한 대로 성도들이 전통을 내려놓기 시작하였다. 이 모든 것은 담임 목사의 권유로 한 것이 아니라 다 자발적인 움직임이었다. 교인들에게 은혜가 임하니 자발적인 헌신이 생겨났다.

교회에서 가장 좋은 공간인 당회실을 교역자들에게 양보하였고, 당회는 매우 좁은 공간으로 이동하였다. 교회 어르신들 모임 공간을 청년들에게 양보하였다. 찬양대 연습실을 어린이 부서에 양보해서 아이들의 멋진 예배 공간을 만들었다. 전에는 예배 순서에서 가장 중요하게 여긴 것이 찬양대였다. 찬양대 전통이 매우 중요한 교회였는데 어느 순간 이러한 분위기가 사라졌다. 부임 당시 있던 4개의 찬양대는 지금 1개의 찬양대만 남았다. 지휘자, 반주자, 오케스트라, 솔리스트에게 많은 재정이 들어갔는데 지금은 대부분 봉사로 이루어지고 있다.

이 모든 변화가 결코 인위적이지 않았다. 간혹 교회 변화와 개혁을 위해서 인위적인 시도를 하다가 교회가 어려움 가운데 빠지는 것을 본다. 변화의 기초는 반드시 은혜여야만 한다. 은혜가 임하면, 변하지 않을 사람이 없고 변하지 않을 교회가 없다.

양육으로 승부하기

청암교회 부임과 동시에 양육을 시작했다. 양육은 목회에서 절대적으로 중요하다. 양육이라 함은 엄마가 아이에게 젖을 주는 것과 같기에, 반드시 담임 목사가 직접 해야 효과가 있다. 양육이 주는 유익은 다음과 같다.

첫째로, 교인들의 상태를 정확히 알 수 있다. 보통 교인들을 만날 수 있는 시간은 예배 때와 심방 때다. 이때는 얼마든지 좋은 모습을 보여줄 수 있다. 하지만 양육을 해보면 그 사람의 진짜 모습을 알게 된다.

둘째로, 교인들의 영적 성장과 성숙은 반드시 양육을 통해 이루어진다. 교회를 오래 다녔다고 무조건 영적으로 성숙해지는 것이 아니다. 영의 양식을 꾸준히 먹어야 영적인 성장이 이뤄진다.

셋째로, 양육이 있어야 교회가 건강해진다. 엄마가 바쁘다는 핑계로 아이에게 맨날 가공식품만 먹인다면 그 아이는 건강하게 성장하기 어려울 것이다. 많은 교회가 외적으로는 크게 성장하였지만, 근육보다는 지방이 많다면 결코 건강하다고 볼 수 없다. 담임 목사가 꾸준히 먹이는 영적 자양분이 성도들에게 들어가면, 교회가 건강해질 수밖에 없다.

처음에는 양육에 대한 의욕이 앞서 무려 세 개 반을 운영했다. 당회원들을 대상으로 토요일 새벽반, 일반 성도들을 대상으로는 화요일 오전반과 목요일 저녁반을 열었다. 양육은 총 3단계로 진행된다. 교재는 직접 구성하고 제작했기에 기존 교회의 양육 과정과 비슷하면서도 차별되는 내용들이 있다.

처음 1단계에서는 신앙의 기초를 체크한다. 한 명씩 돌아가면서 구원에 대해 질문을 한다. 그것부터 확인하고 다시 한 번 구원이 무엇인지를 설명한 후 확신의 삶에 대해서 강의한다. 이후 예배, 기도, 말씀 등 신앙의 기초를 계속 점검한다.

인도자가 일방적으로 가르치는 강의가 아니다. 성도들이 사전에 숙제를 해오며 함께 나누는 방식의 훈련 과정이다. 그다음 학기 2단계는 가정에서 적용과 실천을 하도록 함으로 건강한 가정을 만드는 데 힘쓴다. 마지막 3단계는 사역자로서 하나님이 주신 사명을 찾게 한다. 내가 속한 가정과 교회와 세상에서 사명을 가지고 어떻게 살지, 강도 높은 양육을 한다.

이 양육에서 가장 중요한 포인트는 흔들리지 않는 믿음을 세워 주는 것이다. 이를 위해서 우선 예배 잘 드리기를 훈련한다. 주일 예배가 은혜 속에 이뤄지기 위해서는 토요일 저녁 약속 잡지 않기, 토요일 일찍 자기 훈련 같은 사소한 것부터 시킨다.

그리고 주일은 일찍 교회 오기, 예배 때 앞자리 앉기, 설교 시간에 설교 노트 작성하기, 설교 요약 내용을 단톡방에 올리기 등을 실천하도록 한다.

놀라운 점은 이 과정을 통해서 훈련생들의 믿음이 많이 올라간다는 것이다. 무엇보다도 예배의 집중도가 상승하니 예배 때 표정이 달라진 것이 느껴진다. 전에는 설교 시간에 멍하니 보낼 때가 있었는데, 설교를 노트에 필기하면서 말씀이 머리와 가슴에 박히는 체험을 한다.

영적인 루틴 만들기

양육의 궁극적인 목표는 성도들에게 영적인 루틴을 만들어 주는 것이다. "하나님의 말씀과 기도로 거룩하여짐이라"라는 디모데전서 4장 5절 말씀처럼 성도를 성도 되게 만드는 기본은 말씀과 기도다.

그러나 한국 교회의 모습을 보면 매일 말씀과 기도로 사는 성도는 8퍼센트도 채 되지 않는다.[3] 그러니 교회가 기본기가 너무 없을 뿐더러 건강한 교회로 가기 힘들다. 특히 중직자를 세우려고 보면, 기도와 말씀의 습관이 없는데도 세워지는 경우가 너무나도 많다. 지도자들의 영적인 미성숙은 교회의 또 다른 어려움을 초래한다.

그래서 매일 큐티와 성경 통독과 기도 생활을 강조했다. 조금이라도 못 하면 매서운 벌금이 가해졌다. 그렇게 양육 과정을 통해 기도와 말씀의 생활화가 이뤄지는 교인들이 차츰 많아졌다.

믿음이 들어가니 교인들 안에 변화가 나타날 수밖에 없다. 믿음이 들어가니 성도들 안에 놀라운 변화들이 이곳저곳에서 일어났다. 몇 가지 변화의 경우를 소개해 보겠다.

초장기 양육 과정 때, 한 집사님께 질문을 던졌다.
"집사님은 언제 성경을 살아있는 말씀으로 믿었습니까?"
"이번 확신반 때가 처음입니다."
이분은 모태신앙으로, 교회에서 신앙생활 하신 지 60년 된 분이었다. 그러니까 그간 수십 년 신앙생활을 하면서 성경을 하나님의 말씀으로 믿지 못하고 살아 온 것이다.
매우 충격적인 답변이었다. '교회 안에 이런 비슷한 분들이 얼마나 많을까?' 하는 생각이 들었다. '성경을 살아있는 하나님의 말씀으로 믿지 못하면서 교사도 하고, 여러 봉사도 하고 심지어 중직자가 되기도 하겠네' 이런 생각도 들었다. 왜 한국 교회가 계속 어려움 가운데 놓이고 무너지는가? 성도들 안에 하나님 말씀이 살아서 운동력 있게 역사하지 못하기 때문이다.

또한 양육 과정을 통해서 믿음의 큰 결단을 하신 분도 있다. 평생을 '선데이 크리스천'으로 살아왔으며 교회보다는 세상 즐거움에 빠져 살았는데, 양육을 통해 새로운 신앙인으로 거듭난 것이다. 과거의 모든 모습을 다 뉘우치고 믿음의 본을 보이는 신앙인이 되기로 결심했다. 그 결단으로 매일 새벽 예배에 나오겠다고 했다. 집이 교회 근처도 아니어서 운전해서 와야 하는데, 새벽에 빠지지 않고 기도하러 나온다. 올빼미형으로 밤에 매우 늦게 잠에 들면서도 새벽 시간에는 깨어난다. 뿐만 아니라 목요일 노방전도에 팀장으로 헌신하여 가장 열심을 보이는 전도자가 되었다.

오랜 세월 속에서 교회를 부정적으로 보는 이들도 있었다. 간신히 주일날 교회에 출석하는 신앙, 그 이상도 그 이하도 아니었다. 그런데 양육 과정을 통해 교회에 대한 시각이 긍정적으로 변화되었다. 누구보다 교회를 사랑하게 되었고 교회 성도들을 향한 긍정적인 시각을 갖게 되었다.

양육 과정의 집중과 헌신을 위해서 숙제를 내주고 벌금을 걷는데, 지난 제자 훈련에서 꽤 많은 벌금을 거두었다. 그 돈을 어떻게 할까 고민하다가 미자립 교회를 돕기로 하였다. 이때 그 집사님이 십시일반으로 돈을 더 모아서 풍성한 액수로 섬기면 좋겠다고 먼저 제안하는 게 아닌가. 이분의 놀라운 변화로 어머니와 아내도 얼마나 행복하게 신앙생활 하는지 모른다.

믿음이 들어가니 가정에도 변화들이 일어났다. 어느 교회나 비슷한 고민이 성도들 가정에 있다. 공통적인 내용은 자녀들이 교회를 다니다가 지금 교회를 떠난 경우, 교회는 간신히 다니지만 믿음은 전혀 없는 경우 또는 자녀와 부모 간 갈등이 주를 이룬다.

양육을 하며 훈련생끼리 짝 기도를 하는 시간이 있다. 이때 서로의 어려움을 나누고 자녀들을 위해서 함께 기도해 주는 과정이 큰 힘이 된다. 어떤 가정은 자녀의 문제를 해결하기 위해서 식구들이 함께 기도회에 와서 기도하기도 한다. 가정에 큰 아픔이 있던 한 분은 이런 고백을 하기도 하였다.

"목사님, 제가 이 공부를 조금만 일찍 했어도 우리 가정에 그런 아픔은 없었을 것 같네요."

믿음이 들어가면 반드시 교인들은 변화되고, 교회에는 변화의 열매들이 생긴다. 특히 기도와 말씀이라는 영적인 루틴이 삶을 사로잡을 때 그 변화의 모습이 지속된다. 이런 성도가 많아지면 그 교회는 무조건 건강해진다. 〈우릴 사용하소서〉 찬양의 가사처럼 '교회는 이 땅의 소망'임을 확실히 느낀다. 믿음을 통해서 각 개인이 영적으로 변화되기 시작하고 그다음 부부의 변화, 자녀들과의 변화, 교인들과의 관계에 변화가 일어난다. 이러하기에 교회는 반드시 믿음으로 승부해야 한다. 믿음에 집중할 때 바뀌지 않을 교회는 없다고 확신한다.

신앙의 세대 전수로 승부하기

사도 바울이 디모데 안에 있는 '거짓 없는 믿음'을 이야기할 때 언급하는 것이 바로 디모데의 외할머니 로이스와 어머니 유니게의 모습이다.

> 이는 네 속에 거짓이 없는 믿음이 있음을 생각함이라
> 이 믿음은 먼저 네 외조모 로이스와 네 어머니 유니게
> 속에 있더니 네 속에도 있는 줄을 확신하노라 (딤후 1:5)

지금 한국 교회가 가지고 있는 가장 큰 어려움 중 하나가 '신앙의 세대 전수'다. 과거 신앙의 1세대들은 목숨을 걸고 예수를 믿었다. 그러한 영적인 모습이 자녀 세대까지는 어떻게 흘러왔지

만, 그다음 세대까지는 전수가 제대로 이루어지지 못하는 실정이다. 교회마다 할아버지는 장로이고 할머니는 권사인데, 손자 손녀들이 신앙생활을 제대로 하지 않는 경우가 너무나도 많다.

든든히 서는 믿음의 3대

부임 초창기부터 교회의 큰 목표를 '신앙의 세대 전수'로 삼았다. 마태복음 22장 32절 말씀 "나는 아브라함의 하나님이요 이삭의 하나님이요 야곱의 하나님이로라"의 말씀을 토대로, 3대가 믿음 가운데 든든히 서는 것을 목회의 방향성으로 잡았다.

우선은 교회에서 장년 성도들을 대상으로 실시한 큐티 교육과 양육 과정을 통해서, 조부모 세대와 부모 세대에게 믿음의 견고함을 심어 주었다. 먼저 기성세대가 말씀의 기초 위에 든든히 서야 믿음의 줄기가 다음 세대에 흘러갈 수 있기 때문이다.

우리 교회는 모든 세대가 같은 본문으로 큐티와 새벽 기도를 한다. 특별히 교육부서는 주일의 설교 본문이 주중 큐티 본문과 같다. 이렇게 한 이유는 세대 간의 영적 대화를 위해서다. 부모와 자녀의 큐티 본문이 같으니 자연스럽게 부모는 자녀들에게 성경 이야기를 꺼낼 수 있다. 자녀들은 성경의 궁금한 것을 부모와 이야기할 수 있다. 아이들이 주일날 할아버지와 할머니를 만나면, 자연스럽게 성경을 가지고 가족들 간의 대화가 이뤄질 수 있다. 가족의 대화 주제가 자연스럽게 말씀이 되니 신앙의 세대 전수가 수월하게 진행될 수 있다.

온 가족 새벽 기도회

한국 교회가 가진 가장 큰 영적 자산은 새벽 기도라고 본다. 부임 초창기 때부터 온 가족 새벽 기도회를 시작하였다. 젊은 교인들 대다수가 교회에서 1시간가량 떨어진 먼 곳에서 살고 있기에 한 달에 한 번, 온 가족 새벽 기도회를 하고 있다. 신앙이라는 것은 말로 가르쳐서 배우기보다는 눈으로 보고 배우는 것이 훨씬 더 많다. 우리 자녀들 가운데 믿음이 제대로 서 있는 경우를 보면, 그간 잘 보고 따라온 경우가 많다. 그래서 기성세대가 영적으로 바로 서 있는 모습을 다음 세대들이 자연스럽게 접하게 해야 한다.

온 가족 새벽 기도회가 바로 그런 시간이다. 할아버지와 할머니 그리고 부모와 성도들의 기도 소리를 아이들이 직접 들으면서 기도가 무엇인지를 경험한다. 기도를 전혀 몰랐던 아이들이 그 기도 소리를 들으면서 따라한다. 통성 기도가 매우 낯설었던 아이들은 온 성도들의 간절한 기도 소리를 듣고 따라서 통성으로 기도하게 된다. 믿음은 이렇게 자란다. 처음에는 새벽에 멋모르고 따라와 예배 자리에 앉았지만, 나중에는 그 아이들이 기도의 용사가 되는 것을 경험한다.

세대 통합 예배

절기 때마다 진행되는 세대 통합 예배는 온 세대를 믿음 아래 하나로 묶어 준다. 세대 통합 예배는 아이들을 어른들 예배에 구경꾼으로 동참시키는 것이 아니라, 예배의 주체자로 서게 한다. 아이들은 예배 주요 순서에 포함이 되기에, 예배 안에서 온 세대 간의 영적인 동질성을 경험하게 된다. 뿐만 아니라 세대 통합 예배 때 함께하는 순서인 영상 광고, 찬양, 연극 등 다양한 발표 속에서 세대가 믿음으로 하나 되는 것을 체험한다. 세대 통합 예배는 교회의 모든 세대가 믿음으로 나아감을 보여 주는 자리다.

성도들 안에 믿음을 계속 심어 주었더니 이제는 믿음의 줄기들이 잘 자란다. 이것은 주일 예배 후에 진행되는 목장 모임에서 확인할 수 있다. 연령대별로 모이는 목장 모임 속에서 영적인 교제가 매우 활발히 일어난다. 특히 목장 시간에는 아이들을 위해서 어와나(AWANA) 프로그램을 진행하고 있다. 부모들이 설교 말씀으로 영적인 나눔을 하는 동안, 자녀들은 즐겁게 게임과 활동을 하며 성경을 암송하고 공부하며 시간을 보낸다. 주일 오전부터 오후까지 내내 온 세대가 믿음에 투자한다.

전통교회 안에서 일어난 아름다운 믿음의 변화다. 과거에는 전통과 관습이 교회를 이끌었다면, 이제는 믿음이 교회를 이끈다. 믿음의 흐름이 온 세대 안에 선하게 퍼져 나간다. 믿음은 물줄기와도 같다. 처음에는 1세대가 힘들게 믿음의 줄기를 만든다.

그것이 2세대를 통해서 믿음의 계곡을 이룬다. 3세대와 4세대에 이르면 믿음의 강이 되고 그다음 세대까지 나아가면 믿음의 바다를 이룬다. 아직 온전하다고는 못 할지라도 교회 안에 이러한 믿음의 물줄기가 계속 퍼져 나가는 것은 분명하다.

간혹 교회 변화와 개혁을 위해서
인위적인 시도를 하다가
교회가 어려움 가운데 빠지는 것을 본다.
변화의 기초는 반드시 은혜여야만 한다.
은혜가 임하면, 변하지 않을 사람이 없고
변하지 않을 교회가 없다.

믿음이 들어가면 반드시 교인들은 변화되고,
교회에는 변화의 열매들이 생긴다.
변화의 모습이 지속되고 교회가 건강해진다.
믿음으로 일어서는 교회는 이 땅의 소망이다.

CHAPTER 06

믿음으로
학교를 세우다!

**아이 사무엘이 점점 자라매
여호와와 사람들에게 은총을 더욱 받더라**
삼상 2:26

『가정아, 믿음의 심장이 되어라』를 보면, 토마스라는 학생의 이야기가 나온다. 토마스는 교회를 잘 다니는 학생이었다. 교회 중고등부 활동도 열심히 했다. 고등학교 2학년 때는 선교 여행에 다녀오기도 하였다. 그런데 어느 순간부터 토마스가 교회에서 보이지 않았다.

야구 특기생으로 대학에 입학했는데, 오직 프로 야구 선수가 되기 위해서만 모든 노력을 쏟아부었다. 주일에도 시합이 있는 경우가 많았기에 토마스는 가뭄에 콩 나듯이 교회에 왔다. 토마스 부모도 야구 시합을 좇아다니면서 열성을 다했다. 그러던 어느 날, 결국 토마스는 교회를 영원히 떠나게 되었다.

이제는 자녀의 신앙 문제로 상담하러 온 토마스의 아버지에게 목사가 질문했다.

"아들을 예배에 데리고 간 적이 있습니까?"

그때 토마스의 아버지는 이렇게 말했다.

"그건… 한 번도 생각해 보지 않았네요."

아버지는 토마스를 운동선수로 성공시키기 위해서 막대한 투자를 아끼지 않았지만, 토마스가 그리스도인이 되는 것은 그저 청소년부 담당 교역자의 몫이라고 생각했다. 아들의 영적인 삶에는 어떠한 투자도 하지 않은 것이다.[1]

강력한 믿음의 세대를 세우라

토마스 가정의 모습이 이 시대 많은 기독교 가정에서 나타나고 있다. 부모로서 자녀들을 신앙으로 양육하는 가정이 별로 없다. 자녀의 신앙에 적극적으로 투자하는 가정도 별로 없다. 대부분의 우리 자녀들은 주일에 교회 출석하는 것 말고는 영적인 활동이 거의 없다. 자녀들에게 영적인 투자가 전무한 상황 속에서 그들의 믿음이 떨어지는 것은 당연한 일이다. 23년간 청소년 사역을 하면서 느껴왔고, 지금 담임 목회하면서도 느끼는 것은 우리 아이들의 믿음은 걷잡을 수 없을 정도로 떨어지고 있다는 사실이다. '이렇게 한국 교회가 계속 흘러간다면, 과연 앞으로 믿음의 다음 세대를 찾을 수 있을까?' 그 걱정과 염려 속에서 기독교 대안학교를 시작하게 되었다. 사춘기 청소년들을 믿음으로 세우기 위해서다.

조금 더 구체적으로 '사무엘 크리스천 아카데미'라는 기독교 대안학교를 세운 이유는 강력한 믿음의 세대를 세우기 위해서다. 이 시대 다음 세대 모습 속에서 가장 우려되는 것이 무엇이냐고 나에게 묻는다면, 나는 우리 자녀들의 믿음 없음이라고 말할 것이다. 교회마다 아이들이 줄어들고 있다. 아니, 실은 기독교 인구 자체가 계속 줄어들고 있다. 그것도 갈수록 속도가 빨라진다.

또한 대부분의 신학교가 다 미달이다. 왜일까? 믿음의 세대가 계속 줄어들기 때문이다. 이제는 부모 세대마저도 믿음이 없기에, 믿음 없는 부모 세대가 더 믿음 없는 자녀 세대를 양산하는 것이다.

실제로 3040세대 부모들은 어떠한 세대보다 가정 친화적이지만 신앙적이지는 않다. 기독교 가정이지만 자녀들의 신앙 교육은 별로 관심이 없고 세상 교육에는 열심이다.[2] 이런 상황 속에서 믿음의 세대를 일으키기 위해서 사무엘 크리스천 아카데미를 세우게 되었다.

우리는 믿음을 너무 쉽게 생각하는 경향이 있다. 부모들도 자녀들이 교회 안 빠지고 잘 출석하면 믿음은 저절로 생기는 것으로 생각한다. 가장 많이 하는 말이 이것이다.

"다 때가 되면 돌아오지 않을까요?"

그러나 끝까지 안 돌아온 영혼들이 얼마나 많은가? 심지어 한때 인구의 99퍼센트가 기독교이던 나라들 가운데 대다수의 젊은 이가 신앙을 저버린 나라가 얼마나 많은가?

사역자들이 자녀의 믿음을 잘 만들어 주기를 기대하는 부모들이 많이 있다. 하지만 믿음은 그리 단순하지도 쉽지도 않다. 성경을 보라. 믿음에 대해서 어떻게 말하는가?

히브리서 11장에는 수많은 선조들이 보인 믿음의 예시가 잘 나와 있다. 아벨은 믿음으로 온전한 예배를 드리다가 그 예배 때문에 순교를 당했다. 노아는 믿음으로 한참 미래 세대에 있을 대홍수를 대비하면서 엄청난 크기의 방주를 제작했다. 믿음 때문에 자기 인생을 배 만드는 데 다 '허비'하였다. 아브라함은 하나님 말씀 하나로 그 좋은 고향 땅을 떠나 갑자기 낯선 곳으로 이주했다. 아벨과 노아와 아브라함을 살펴보면 하나같이 정신 나간 행동들처럼 보인다. 하지만 성경은 그들에게 믿음이 있었다고 말한다. 그 믿음 때문에 말도 안 되는 행동을 한 것이다.

이 세대 속에서 아벨과 노아와 아브라함과 같은 자녀들을 찾을 수 있을까? 믿음의 세대가 도무지 보이지 않는다. 이대로 두면 한국 교회와 이 땅에 재앙이 밀려올 것 같아서 시작하게 된 것이 기독교 대안학교인 사무엘 크리스천 아카데미다.

사무엘과 같은
믿음의 인재로 키우라

또 다른 이유는 사무엘을 롤모델로 삼는 학생들을 만들기 위해서다. 사무엘은 사사시대 마지막 인물이라고 할 수 있다. 이때 이스라엘은 자기 멋대로 살았다. "그때에는 이스라엘에 왕이 없었으므로 사람마다 자기 소견에 옳은 대로 행하였더라"(삿 17:6)의 말씀과 같이 하나님 없이, 믿음 없이 자기들 하고 싶은 대로 살았던 시대다. 엘리 대제사장은 영적 분별력이 없어서 무엇이 하나님의 음성인지 구별도 하지 못했다. 이스라엘의 영적 암흑기 때 사무엘이 태어났다. 그리고 사무엘은 대제사장도 듣지 못한 하나님의 음성을 들었다. 그것도 어렸을 때부터. 사무엘은 영적으로 든든히 서 나아갔다. 그래서 사사이자 선지자이자 제사장으로서 이스라엘을 살렸다. 사무엘의 영성은 그가 뱉는 말이 땅에 떨어지지 않을 정도로 특별했다.

지금 이 시대의 모습이 사사시대와 너무 흡사하다. 세상은 온통 죄로 물들어 있고, 교회 내부까지 진리의 위협을 받고 있다. 믿음의 다음 세대를 전혀 찾아볼 수 없는 영적 암흑기를 겪고 있다. 디모데후서 3장 2절에서 말하는 모습 "사람들이 자기를 사랑하며 돈을 사랑하며 자랑하며 교만하며 비방하며 부모를 거역하며 감사하지 아니하며 거룩하지 아니하며"가 지금 우리의 모습이다. 이러한 시대에 필요한 것은 하나님의 음성을 들으며 믿음으로 살아가는 사무엘과 같은 사람이다. 모두가 타락한 세상 속에 빠져 정신을 차리지 못할 때, 이 땅을 회복시킬 수 있는 사무엘과 같은 청소년이 필요하기에 사무엘 크리스천 아카데미를 세우게 되었다.

지금 우리 자녀들이 믿음에 투자하는 시간은 일주일에 1시간 정도로 주일 예배 시간이 전부다. 하지만 신앙은 투자한 만큼 성장할 수밖에 없다. 영어 하나를 잘하려고 해도 매일 영어 학원을 다녀야 한다. 수학에서 뒤처지지 않으려면, 매일 비용을 지불하고 수학 학원에 다녀야 한다. 공부도 투자가 있어야 열매가 있듯 신앙도 마찬가지다. 사무엘은 그저 만들어지지 않았다. 사무엘도 엄마 젖을 뗀 후로부터 성전에서 신앙 교육을 받으며 살았다. 믿음의 투자가 있었던 것이다.

대부분의 가정이 신앙에는 투자하지 않고 있다. 예전에 싱가포르 청소년 연합 집회를 갔다가 한 집사님의 이야기를 들었다. 집사님은 자녀가 어렸을 때부터 믿음이 중요하다고 끊임없이 가르쳐 왔다고 했다. 그런데 "엄마는 왜 나에게 영어와 수학 과외는 시키면서, 성경 과외는 시키지 않으세요?"라는 중학생 아들의 말에 충격을 받았다고 했다. 실제로 신앙에 아무런 투자를 하지 않았던 것이다. 그래서 신학생을 수소문해 아들에게 성경 과외를 시켰다고 한다.

많은 크리스천 부모가 자녀들을 신앙으로 지도할 시간이 없다고 말하고, 또한 어떻게 해야 할지 방법을 모른다고 말한다.[3] 그래서 신앙으로 투자하는 길을 만들어 준 것이 사무엘 크리스천 아카데미다.

이 학교의 설립 목적은 학생들이 공부를 잘해서 명문대 진학하는 것이 아니다. 오직 한 가지, 사무엘과 같은 믿음의 인재를 세우는 것이다. 그래서 우리는 과감히 신앙에 투자하기로 하였다.

매일 1교시는 예배다. 실제로 신앙의 가치관을 형성하고 영적으로 자라게 하는 데 예배만큼 좋은 것이 없다. 매일 2교시는 말씀 묵상 시간이다. 이 시간에는 그날의 말씀 구절을 외우고, 성경을 필사하고, 마지막으로 큐티를 한다. 이 모든 과정은 단지 학생들 자발에 맡기는 것이 아니라 교사가 함께한다. 또한 조직신학이나 기독교 세계관과 같은 기독교 수업도 있다. 신앙에 적극 투자함으로 이 세상에서 찾기 힘든 믿음의 세대를 만들기 위해서 사무엘 크리스천 아카데미를 시작한 것이다.

세 가지 교육에 집중하라

신앙 중점 교육

우리 학교에서 가장 중요한 것은 성경과 기독교 세계관에 바탕을 둔 신앙 교육이다. 믿음이라는 확실한 백그라운드가 있어야 기독교 세계관의 토대 위에 다른 교육이 가능하다고 믿기 때문이다. 실제로 우리와 비슷한 커리큘럼을 가진 기독교 대안학교가 많다. 하지만 수업 시수를 짜다 보면 생각만큼 기독교 신앙에 투자하기가 어렵다. 국어, 영어, 수학도 일반 학교만큼 가르쳐야 하기 때문이다. 그래서 신앙 요소는 수업 시간 외로 돌리는 학교가 많다. 학교의 큰 틀은 신앙 교육을 표방하지만, 부모들이 결국 공부도 잘하기를 원하니 생각보다 많은 학교가 신앙에 많은 투자를 하지는 못한다. 우리나라를 대표하는 유명한 기독교 대안학교의 경우 해외 명문대로 진학을 많이 시키는데, 졸업생 중에 교회를 다니지 않는 학생이 많아졌다는 이야기를 들은 적이 있다.

교육은 심은 만큼 열매를 거둔다. 우리는 무슨 일이 있어도, 아침 1교시와 2교시는 신앙 훈련으로 나아간다. 이게 우리의 우선순위이기 때문에 그렇다. 교과 시간에는 커리큘럼에 따라 신구약을 배운다. 영어도 영어 성경으로 공부를 한다. 중학교 1학년 학생들이 창세기 50장을 다 읽고 해석해 냈다. 기독교 신앙 교육이 최고의 우선순위이기에 이 부분만큼은 결코 타협하지 않고 있다.

독서를 토대로 한 자기 주도형 교육

청소년기에 중요한 것은 내가 왜 공부를 해야 하는지, 공부에 대한 목표와 이유가 있어야 한다. 뿐만 아니라 어떠한 길을 갈지 스스로 결정하며 준비할 수 있어야 한다. 그러나 우리나라 교육의 현실을 보면, 대부분 아이들은 부모가 시켜서 공부를 한다. 부모가 제시해 준 그 길을 준비한다. 그러니 대학교 졸업 후에 자기 전공을 살려 직업을 갖는 경우는 30퍼센트 정도밖에 되지 않는다. 무엇인가 교육의 방법이 잘못되었다고 생각하지 않는가?

우리는 먼저 신앙의 기초 위에 교육하며 학생 스스로 공부와 인생의 방향을 찾는 교육을 지향한다. 이 부분은 청소년기에 매우 중요하다.

발달 심리학자 제임스 마르시아(James Marcia)에 의하면, 청소년의 정체성은 4단계를 통해서 만들어진다. 첫째 단계가 정체성 혼미로, 아직 내가 무슨 일을 해야 할지 어떠한 길을 가야 할지 모르는 상태다. 둘째 단계는 정체성 상실로, 이 기간은 다른 사람이 말한 것을 따라간다. 부모가 공무원 준비하라고 하면 그저 따라가는 것이 이 단계다. 셋째 단계는 정체성 유예다. 이때는 그간 준비해 온 것에 대한 회의감을 느끼면서 자기가 갈 길에 확신을 갖지 못하고 집중하지 못한다. 넷째는 정체성 성취로, 여러 가지 갈등과 어려움을 다 극복하고 자신이 원하는 바로 그 길을 선택하며 달려간다.[4]

정체성 성취가 이루어져야 꿈과 비전을 향해서 달려갈 수 있는데 이것이 너무 늦게 만들어진다. 대부분은 부모의 지나친 개입에 의해 살아가다가, 나중에 성인이 된 다음에서야 자기 길을 찾고 진로를 되돌리는 경우가 꽤 많다. 청소년기에 왜 이 공부를 해야 하는가, 왜 이 길을 가야 하는가, 분명한 목적의식이 별로 없다. 그래서 우리 자녀들은 늘 시행착오를 겪고 길을 되돌아가는 경우가 많다.

이러한 시행착오를 줄이기 위해서 스스로 사고하는 교육에 집중하고 있다. 독서를 통한 사고 훈련을 거쳐 스스로 자기 인생의 방향을 찾게 한다. 특히 하브루타 시간은 학생들의 자기 주도형 사고를 만드는 데 큰 도움이 된다.

뿐만 아니라 학습을 책으로만 하지 않고 현장에서 직접 배우게 한다. 사무엘 아카데미는 다른 학교보다 창조적 체험 시간이 월등히 많다. 궁궐, 미술관, 도서관, 야구장, 축구장 등 서울 도심 곳곳을 다니며 학습한다. 역사 분야의 경우에는 테마를 잡고, 직접 그 지역을 2박 3일 동안 방문하면서 배우게 한다. 단지 책을 보면서 암기하는 교육이 아닌, 현장에서 직접 보면서 역사 안으로 들어가게 한다. 이 모든 시간이 자기 주도형 교육을 시키는 과정이다.

글로벌 중점 교육

하나님은 우리 한민족에게 좋은 머리를 주셨다고 확신한다. 우리나라는 다른 나라에 비교해서 자원도 부족하고 위치도 좋지 않은데, 세계 10대 경제 대국이 되었다. 그 핵심은 뛰어난 두뇌와 교육의 힘이라고 생각한다.

우리나라 학생들의 아이큐는 전 세계에서 늘 최상위권이다. 수학과 읽기 등 학습 능력 또한 OECD 국가 중 최상위권이다. 이렇게 훌륭하고 똑똑한 학생들이 국내에만 머물러 있는 것이 아쉽다는 생각을 늘 한다.

국내에서 치열하게 경쟁하는 가운데 자존감만 낮아지고 능력은 십분 활용하지 못하는 경우가 너무나도 많다. 그래서 우리 학생들에게는 대한민국이라는 작은 땅에 자신을 가둬 놓지 말고, 전 세계를 바라보는 비전을 심어 주고 싶었다. 이것이 바로 글로벌 비전이다.

우리 학교는 매년 2학기에 해외 비전 트립이 있다. 졸업하기까지 5대양 6대주를 도는 프로그램이다. 학생들이 전 세계 주요 국가들을 보면서 비전을 키워가도록 하기 위해서다. 해당 국가에 가기 전에 한 학기 동안 그 국가와 대륙에 대해 충분한 사전 공부를 하고 그 국가로 떠난다. 하나님이 전 세계 속에서 어떻게 역사하시는지를 직접 알아가도록 제시한다.

뿐만 아니라 글로벌 비전의 한 축으로 언어 교육이 강한 학교를 꿈꾼다. 수학은 대학교 입학 때는 매우 중요한 과목이지만, 그 이후에 높은 수준의 수학 지식을 계속 활용하며 사는 이들은 드물다. 하지만 언어는 다르다. 언어를 잘 준비해 두면, 전 세계 어딜 가도 유용하게 쓰임 받을 수 있다. 이를 위해서 영어뿐 아니라 스페인어와 중국어를 가르치고 있다. 졸업하기 전까지 최소 영어, 스페인어, 중국어를 마스터하는 목표를 가지고 있다. 그렇게 되면 우리 학생들은 전 세계 최소 27억 인구들이 사는 곳에 진출할 수 있다는 뜻이다.

대한민국을 꼭 고집할 필요가 없다. 하나님이 주신 비전이 있다면 다른 나라에서 대학에 다닐 수도 있고, 해외 취업을 할 수도 있다. 뿐만 아니라 언어를 잘 준비하면, 열방 가운데 하나님의 복음 증거를 보다 자유로이 할 수 있다. 사무엘 크리스천 아카데미는 학생들이 세계와 열방 속에서 크게 쓰임 받기를 원하는 비전을 가지고 교육하고 있다.

지금 우리는 나무를 심은 지 2년 차밖에 되지 않는다. 사과나무 씨앗을 땅에 심으면 10년이 지나야 꽃이 핀다고 한다. 묘목을 사와도 3년은 지나야 열매를 맺을 수 있다. 우리는 여전히 싹을 피우면서 자라는 단계 가운데 있다. 처음 중학교 1학년 학생들이 왔을 때는 세상 아이들과 아무런 차이가 없었는데, 그래도 2년 차에 많은 성장을 경험하는 것이 보인다.

한번은 중학교 1학년 학생들끼리 갈등이 있었다. 그다음날 선생님과 함께 큐티를 하는데, 본문 말씀이 용납과 용서에 대한 것이었다. 매일 말씀이 들어가고 기도가 들어가는 학생들이기에, 그날 본문을 그냥 지나칠 수 없었다. 하나님은 갈등 속에 있는 아이들을 만지셨다. 누가 먼저라 할 것 없이 자기의 감정을 오픈하면서 용서를 구했고 눈물을 흘리면서 은혜 가운데 큐티가 마무리되었다. 중학교 1학년에게 일어난 일이다. 우리가 심지 않아서 그렇지, 하나님의 말씀이 들어가면 이 시대 우리 아이들도 충분히 다니엘의 세 친구와 같은 믿음을 가질 수 있다.

중학교 1학년 학생들을 데리고 싱가포르와 말레시아에 다녀왔는데, 아이들은 아침에 일어나면 어김없이 큐티로 하루를 시작하였다. 일과가 다 끝나고 들어오면 성경을 읽고 또 암송함으로 하루를 마무리하는 모습을 볼 수 있었다.

우리는 매주 동네를 청소한다. 이러한 섬김이 진짜 기독교 교육이라고 생각한다. 우리가 머무는 지역 사회를 직접 손으로 깨

끊하게 하는 이 활동에 어떠한 학생도 불평 없이 참여하고 있다. 아직 갈 길이 멀다. 하지만 꾸준히 자라고 있는 학생들의 모습이 얼마나 예쁜지 모른다.

교회의 지원 사격

아이들의 믿음은 그냥 자라지 않는다. 우리 교회에는 지원 사격 부대가 있다. 새벽마다 교인들이 사무엘 크리스천 아카데미를 위해서 기도한다. 수요 성령 집회 때마다 한목소리로 기도한다. 주일 강단에서 흘러나오는 대표기도 안에 어김없이 사무엘 크리스천 아카데미가 언급된다. 전 교인이 기도로 지원하는 학교다. 그러니 학생들이 영적으로 성장하지 않을 수가 없다.

뿐만 아니라 교인들이 자발적으로 학교를 위한 헌금을 하고 있다. 교인들이 흘리는 믿음의 땀방울이 학교 위에 계속 떨어지고 있기에, 학교가 성장을 할 수밖에 없고 아이들은 믿음 가운데 설 수밖에 없다. 지금보다 앞으로가 훨씬 더 기대되는 학교다.

믿음 없는 부모 세대가
더 믿음 없는 자녀 세대를 양산하고 있다.
지금의 3040세대는 그 누구보다
가정 친화적이지만 신앙적이지는 않다.
기독교 가정이지만
자녀들의 신앙 교육에는 별로 관심이 없고
세상 교육에는 그 어느 때보다 열심이다.

사과나무 씨앗을 땅에 심으면
10년이 지나야 꽃이 핀다.
묘목을 사와도 3년은 지나야 열매를 맺을 수 있다.
그러나 믿음의 땀방울이 계속 떨어지고 있기에,
성장을 할 수밖에 없고
믿음 가운데 설 수밖에 없다.

나가는 글

믿음으로 승부하라

　미국 유학 시절부터 매우 친하게 지낸 한 선배 목회자가 있다. 최근 오랜만에 통화를 하는데, 내 목회가 어떠한지 많이 궁금해 하는 눈치였다. 그래서 나는 솔직히 말했다. 모든 것이 다 좋고 모든 것이 다 감사하다고. 이렇게 긍정적인 이야기만 하니 이분이 크게 놀라는 것이다.

　그 이유는 주변에 이렇게 말하는 사람을 거의 보지 못했기 때문이라고 한다. 담임 목사로 청빙을 받고도 얼마 만에 쫓겨나기도 하고, 교회를 성장시켰다고 생각했지만 결국 사임을 하게 되는 일이 주변에 너무나도 많다는 것이다. 그래서 많은 목회자들이 목회를 두고 크게 신음하고 있다고 했다. 그러던 와중에 내 이야기는 반대의 스토리이기에 이분이 놀란 것이다.

　하지만 신기하게도 내 주변에는 신나게 목회하는 이들이 훨씬 많다. 그러다 어느 날, 이들에게서 모두 한결같은 부분을 발견했다. 그것은 '오직 믿음'으로 목회한다는 것이다. 여러 세미나 유명 프로그램을 좇지 않는다. 오직 믿음으로 승부하는 것이 목회를 즐겁게 잘하는 분들의 공통 분모였다.

특히 지방에서 목회하는 한 친구 목사의 목회는 매우 특별하다. 코로나 끝자락에 그 교회 부흥회 강사로 초청을 받고 갔다가 깜짝 놀랐다. 우선은 본당을 가득 메우고도 자리가 부족해 보조의자까지 놓고 예배드리는 풍경에 놀랐다. 교회의 뜨거움이 강단에까지 전해졌다. 교회는 코로나 시기에도 오히려 성장을 했다고 한다. 코로나는 어찌 보면 알곡과 가라지를 구분하는 시간이었다고 할 수 있다. 무슨 일이 있더라도 알곡은 그 시간을 통해서 믿음이 더 자란다. 그 교회 또한 알곡이 많은 교회다. 새벽마다 많은 교인이 모여서 기도했고, 코로나 시기에도 그 숫자가 늘어났다고 했다. 지금은 주일 낮 예배뿐 아니라 주일 오후나 수요일에도 본당을 빼곡히 채우며 예배를 드린다. 성도들의 모습 속에서 하나님을 향한 간절한 믿음들이 절절히 보인다.

두 번째로 놀란 이유는 부흥회에 참석한 어린이들의 모습 때문이었다. 이 교회는 화려한 찬양팀이 있는 것도 아니고 전문성이 탄탄한 찬양 밴드를 둔 교회도 아니다. 그런데 맨 앞 강단에 어린이들이 신발을 벗은 채 가득 메우고 있지 않는가?

더러는 그냥 보기에 좋기 위해서, 강대상으로 아이들을 올라오게 하는 경우도 있다. 그러나 이 교회는 그러한 형식적인 모습이 아니었다. 아이들이 예배드리는 태도가 달랐다. 특히 예배 후에 통성으로 기도하는데, 어린아이들이 울면서 간절히 기도하는 것 아닌가? 시골에 있는 이 교회가 지금은 노회에서 교회학교가 가장 성장하는 교회가 되었다고 한다. 그리고 이 중심에는 믿음이 있었다.

교회가 믿음을 강조하니, 치유와 회복의 역사가 곳곳에서 일어난다고 했다. 담임 목사가 인도하는 양육을 통해서 교인들에게 믿음이 들어가고 있었고, 주일날 진행되는 목장 모임에서 믿음의 나눔이 이뤄지고 있었다. 바람을 피우던 남자 성도가 회개하고 돌이키며, 알코올 중독에 빠진 성도가 술을 끊게 되었다. 휴대폰 게임 중독으로 매일 난폭한 행동을 일삼던 아이가 휴대폰을 끊고 믿음 가운데 선 모습이 한두 건이 아닌 교회 도처에 있었다. 지금 교회학교 아이들 중에는 주의 종으로 헌신한 학생만 40명이 넘는 다고 한다. 믿음은 이처럼 늘 현재 진행형이다. 믿음은 결코 과거형이 아니다.

이 교회는 매일 저녁, 청소년들이 자발적으로 모여서 교회에서 기도한다. 누가 시켜서 하는 것이 아니다. 청소년 안에 믿음의 갈망이 있으니, 모이게 된다.

금요일마다 어린이들을 중심으로 하여 저녁 기도회를 만들었고, 이제는 많은 성도가 함께 모이는 금요 기도회가 만들어졌다. 믿음이 들어가니 부모가 변화되고 자녀가 변화되는 역사가 자연스레 나타난다.

지난여름, 한 청소년 연합 집회를 인도하고 왔다. 사실 최근에는 감당할 여력이 안 되어 청소년 집회는 거의 고사하고 있다. 하지만 이번에는 우리 교회 청소년부도 참여하며 교인들도 함께 기도하고 있기에, 그리고 이 시대 청소년들에게 정말 전하고 싶은 메시지가 있기에 여러 일정을 무릅쓰고 다녀왔다.

이제 설교를 마치고 결단의 시간이다. 아이들이 앞으로 나와서 무릎을 꿇는다. 하나같이 필사적이다. 대충 꿇는 아이가 하나도 없다. 바짝 엎드린다. 그래, 엎드림은 '바짝'이 생명이지! 아이들 사이를 다니며 기도를 해주는데, 땀방울들이 군데군데 떨어져 있다. 그 기도의 땀방울을 보자 아이들이 얼마나 간절히 기도했는지 알 수 있었다. 기도의 땀방울! 이것이 이 나라 다음 세대 희망의 증표다.

나 또한 고등학교 3학년 시절, 공부를 마치고 새벽 1시 30분이면 교회 본당에서 홀로 기도하며 기도의 땀방울을 많이 흘렸다.

그리고 지금 이 자리에 서 있다. 다시 한 번 그 기도의 땀방울을 마주하는데, 그 감격이란 이루 말로 표현할 수 없었다. 아직도 이 나라에는 오직 믿음으로, 오직 예수에 목숨 걸며 기도의 땀을 흘리는 아이들이 있다. 그러기에 소망이 있는 것이다.

내가 아는 한, 목회 현장에서의 답 또한 동일하다. 믿음이면 다 되었다. 믿음에 집중하는 목회자 중에 환경과 상황 때문에 힘들어서 목회를 못 하겠다고 하는 목회자는 본 적이 없다. 믿음으로 승부하면 반드시 열매가 맺힌다. 이것은 진리라고 확신한다.

한국 교회여, 오직 믿음으로 나아가며
오직 믿음으로 승부하길 기도한다!

주

1. 진짜 문제는 '믿음 없음'이다!

1) "교회학교, 저출산 쇼크에 아이들 사라져… 10년 새 45% 뚝", 국민일보, 2023년 3월 6일.
2) 〈기독 청소년 신앙 인식〉, 목회데이터연구소, 「넘버즈」 214호.
3) "주일학교로 들어온 아이들, 중학생 때 가장 많이 떠난다", 크리스챤연합신문, 2019년 12월 9일.
4) "기독교, 가족 종교화 전략 우려된다", 한국기독공보, 2021년 6월 20일.
5) "기독 청소년 10명 중 4명, 성인 되면 교회 출석? 글쎄요", 기독교연합신문, 2019년 12월 9일.
6) Wesley Black, "Youth Ministry That Lasts: The Faith Journey of Young Adults," The Journal of Youth Ministry 4, no 2 (2006): 22.
7) 목회데이터연구소, "개신교인의 신앙 계승 실태", 「넘버즈」 231호.
8) "3040세대의 신앙 의식과 생활 실태", 「목회와신학」 2023년 2월호.
9) "3040세대의 신앙 의식과 생활 실태", 「목회와신학」 2023년 2월호.
10) 목회데이터연구소, "3040세대 개신교인 신앙 의식 조사", 「넘버즈」 173호.

2. 교회학교 전성시대는 믿음의 전성시대다!

1) "국기 배례와 주목례 사이에서", 뉴스앤조이, 2021년 6월 11일.
2) 이화정, 『엄마의 일기가 하늘에 닿으면』, 선율(2024), p.59.

3. 믿음에 집중했더니 청소년 사역에 부흥이 임했다!

1) https://timothypauljones.substack.com/p/do-nine-out-of-ten-churched-students.
2) 배성현, 『존 파이퍼에게 설교를 묻다』, 생명의말씀사(2024), p.99.
3) 목회데이터연구소, "3040세대 신앙과 라이프스타일", 「넘버즈」 233호.
4) "크리스천 학부모 절반 '주일예배-학원 겹치면 학원 먼저 보내겠다'", 국민일보, 2016년 4월 28일.

4. 믿음에 투자했더니 청년부가 일어나기 시작했다!

1) "청년이 교회 떠나는 이유… 청년들 '목회자 언행 불일치에 실망' 사역자 '복음의 본질을 듣지 못해서'", 국민일보, 2021년 4월 29일.
2) 양형주, 『청년사역』, 두란노(2019), p.49.
3) 이현철, 안성복, 백경태, 김종용, 박건규, 이자경, 『위드코로나 시대 다음 세대 신앙리포트 2』, SFC(2023), p.198.
4) "청년들이 교회를 떠나는 진짜 이유", 온누리신문, 제1242호.
5) "텃세 부리는 교회 성도… 새가족이 불편한 '6가지' 이유", 베리타스, 2016년 9월 26일.

5. 믿음으로 승부했더니 전통교회가 변화되었다!

1) 톰 레이너, 『죽은 교회를 부검하다』, 정성묵 역, 두란노(2022), pp.7-8.
2) 브라이언 크로프트, 『성경적 교회 살리기』, 신지철 역, 생명의말씀사(2023), p.91.
3) "교인 10명 중 4명 '선데이 크리스천'… 구원 확신 51% 그쳐", 국민일보, 2023년 11월 24일.

6. 믿음으로 학교를 세우다!

1) 보디 바우컴, 『가정아, 믿음의 심장이 되어라』, 이명숙 역, 미션월드라이브러리(2008), pp.44-47.
2) 목회데이터연구소, "3040세대 신앙과 라이프스타일", 「넘버즈」 233호.
3) "지친 3040 신앙 활동, 자녀 신앙 교육 어려워" 기독신문, 2024년 3월 27일.
4) John W. Santrock, 『Adolescence』, McGraw Hill(2005), pp.180-181.

사명선언문

너희가 흠이 없고 순전하여……세상에서 그들 가운데 빛들로
나타내며 생명의 말씀을 밝혀 _ 빌 2:15-16

1. 생명을 담겠습니다
만드는 책에 주님 주신 생명을 담겠습니다.
그 책으로 복음을 선포하겠습니다.

2. 말씀을 밝히겠습니다
생명의 근본은 말씀입니다.
말씀을 밝혀 성도와 교회의 성장을 돕겠습니다.

3. 빛이 되겠습니다
시대와 영혼의 어두움을 밝혀 주님 앞으로 이끄는
빛이 되는 책을 만들겠습니다.

4. 순전히 행하겠습니다
책을 만들고 전하는 일과 경영하는 일에 부끄러움이 없는
정직함으로 행하겠습니다.

5. 끝까지 전파하겠습니다
모든 사람에게, 땅 끝까지, 주님 오시는 그날까지
복음을 전하는 사명을 다하겠습니다.

서점 안내

광화문점 서울시 종로구 새문안로 69 구세군회관 1층
02)737-2288 / 02)737-4623(F)

강남점 서울시 서초구 신반포로 177 반포쇼핑타운 3동 2층
02)595-1211 / 02)595-3549(F)

구로점 서울시 동작구 시흥대로 602, 3층 302호
02)858-8744 / 02)838-0653(F)

노원점 서울시 노원구 동일로 1366 삼봉빌딩 지하 1층
02)938-7979 / 02)3391-6169(F)

일산점 경기도 고양시 일산서구 중앙로 1391 레이크타운 지하 1층
031)916-8787 / 031)916-8788(F)

의정부점 경기도 의정부시 청사로47번길 12 성산타워 3층
031)845-0600 / 031)852-6930(F)

인터넷서점 www.lifebook.co.kr